부동산
수익률의
제왕

0.01% 자산가의 자수성가 재테크 따라잡기

부동산
수익률의
제왕

김태종 지음

일상이상

'돈의 노예'가 아닌
'돈의 주인'으로 살기 위해

"어떻게 하면 당신처럼 자수성가할 수 있습니까?"

이 말은 지금의 제가 종종 듣는 말입니다.

그러나 10여 년 전만 해도 저는 대부분의 사람들처럼 하루하루 돈 걱정을 하면서 살아갔습니다. 기업이 연쇄적으로 도산하면서 외환보유액이 39억 달러까지 급감한 우리나라는 1997년 12월 IMF에서 195억 달러의 구제금융을 받아 간신히 국가부도 사태는 면했지만 그 파장은 매우 컸습니다.

건설회사에 다니던 30대 초반의 제 앞날에도 먹구름이 끼었습니다. 1998년에 522개 건설회사가 부도를 맞았는데, 다행히 제가 다니던 회사는 부도 위기는 피할 수 있었지만 매출이 급감했습니다. 회사에서는 '고통분담'을 강조하며 '명예퇴직'을 이야기했습니다. 이제 막 돌 지난 아이의 아버지였던 저는 눈앞이 캄캄했습니다. 결국 퇴직금을 건네받고 명예롭지 못하게 회사 대신 산으로 갔습니다. 아내와 아이 몰래 말입니다.

'회사는 결코 내 인생을 책임지지 않아!'

서울 도심의 회사 빌딩들이 내려다보이는 산을 오르며 이 말이 뇌리에서 떠날 줄 몰랐습니다. 산에는 저처럼 하루아침에 일터를 잃은 사람들이 제법 많았습니다. 그들 중에는 저처럼 청년실업자가 된 사람도 있었고, 정년퇴직을 얼마 안 남기고 명예퇴직을 해서 제법 두둑한 퇴직금은 받은 사람도 있었으며, 사업가로 잘나가다 주저앉은 사람도 있었습니다. 그리고 남들과는 좀 다르게 보이는 그분도 있었습니다. 퇴직금이 많든 적든 간에 대부분의 사람들이 신세한탄을 하며 앞날을 걱정했지만 그분은 이렇게 말했습니다.

"지금이 오히려 기회야!"

나중에 알고 보니 그분은 실직자가 아니었고 많은 부동산을 보유한 자산가였습니다. 1970년대와 1980년에 강남 부동산에 투자해 이미 큰손이 된 그분은 등산을 즐기곤 하는데, 저는 그분과 인연을 맺게 되어 지금까지 친형제처럼 지내고 있습니다.

"1년만 지나면 기회가 생길 거야!"

당시에 집값은 하루가 다르게 추락했지만 그분은 또 다른 투자 기회를 엿보고 있었습니다. 미국의 대공황 이후에도 부자가 된 사람이 있었다고 말하며 "위기 뒤에 반드시 기회가 온다"고 했습니다. 남들은 집값이 더 떨어질 거라고 염려했지만 관심 지역과 매물, 경기회복 추세, 정부의 국토도시계획 등을 유심히 살폈던 것입니다.

산중에서 길을 찾게 된 저는 산 아래로 곧장 내려갔습니다. 대기업 출신이라는 자존심을 훌훌 떨쳐버리고 크든 작든 공사를 벌이고 있는 현장이면 어디든 달려갔습니다. 비정규직으로 일하느라 예전만큼은 월급을 넉넉히 받지는 못했지만 없으면 없는 대로 생활비를 줄여나가 면서 수입보다 지출이 많지 않도록 했습니다. 그러기 위해서는 아내 의 적극적인 내조가 필요했는데, 아내는 부업과 가사를 병행하며 우 리 가정의 든든한 버팀목이 되어주었습니다. 고생 끝에 낙이 온다고 했던가요. 공사현장의 특성상 주말에도 일하는 경우가 많은데, 쉬는 날도 반납해 가며 일하고 아내의 부업 수입까지 더해지다 보니 얼추 예전 월급과 비슷한 수입이 생기게 되었습니다.

'돈의 노예가 아닌 돈의 주인으로 살아가자!'

이렇게 다짐하는 순간, 제 인생은 달라졌습니다.

당시에 저는 서울 오류동의 20평대 아파트에서 전세로 살고 있었 는데, 회사에서 받은 퇴직금과 저축한 돈 등을 보태 1999년 10월경 에 마포구 공덕동의 삼성아파트를 매수했습니다. 그 아파트는 IMF 외 환위기 직전에 분양했는데 IMF 외환위기가 시작되자 집값은 전세가 와 비슷해질 정도로 떨어졌습니다. 덕분에 최초분양가보다 매우 싼 가격인 1억 5천만 원에 30평대 아파트를 매수할 수 있었고, 1억 2천 만 원에 전세를 놓았습니다. 3천만 원 투자로 30평대 아파트의 주인

부동산 수익률의 제왕

이 된 것입니다.

그리고 곧이어 행운이 뒤따랐습니다. 아파트가 하도 안 팔리자 정부는 1999년 3월 23일 분양권전매제한 완전폐지를 발표했습니다. 그러자 공덕동뿐만 아니라 마포구 일대, 아니 서울의 분양권시장이 활기를 띠고 '떳다방'이 등장해 2000년 무렵부터 집값이 크게 상승했습니다. 1999년 10월경에 1억 5천만 원에 매수했던 공덕삼성아파트는 2000년 10월경에 2억 2천만 원으로 가격이 올랐습니다. 그리고 1999년 10월에 1억 2천만 원을 주고 전세를 살았던 세입자가 1년만 살다가 이사를 갔는데, 이것이 오히려 득이 되었습니다. 세입자가 나간 뒤이 아파트를 1억 6천만 원에 전세를 놓았습니다. 1년 만에 1억 5천만 원에서 2억 2천만 원으로 가격이 올랐으니 7천만 원의 투자이익을 거두었고, 전세금이 1억 2천만 원에서 1억 6천만 원으로 올랐으니, 새로운 투자를 위한 4천만 원의 자금이 생기게 된 셈입니다.

'이게 바로 기회구나!' 싶어서 세입자에게 전세금을 받자마자 같은 단지의 30평대 아파트 2채를 추가로 매수했습니다. 아파트 두 채의 가격이 얼만데 갑자기 무슨 수로 매수할 수 있느냐고 궁금해 하실 분들도 있을 것 같은데, 그와 관련된 궁금증은 이 책의 제1장을 읽어보시면 풀리실 겁니다. 여하튼 이후에도 집값이 가파르게 올랐습니다. 신통방통하게도 그분의 예측이 맞아떨어진 것입니다.

이렇게 투자의 길에 발을 들여놓은 후 제 인생은 모든 것이 달라졌습니다. 자산증식에 성공한 이후 자연스레 자신감이 생겼습니다. 그 자신감은 일에까지 이어져 2000년 연말을 앞둔 시기에는 대기업 건설사에 재취업했습니다. 그리고 2008년 금융위기 전까지 간헐적인 침체기가 있기는 했지만 우후죽순처럼 매매가가 올랐고 전세가도 꾸준히 올랐습니다. 생활비를 아껴가며 모은 돈과 전세금 인상분으로 하나둘 부동산을 매수하면서 2007년 무렵에는 서울 및 수도권의 아파트 20여 채와 판교 등 수도권의 토지를 보유하게 되었습니다. 이후 금융위기로 부동산 가격이 또다시 폭락했지만 저는 산 아래 풍경을 느긋하게 조망했습니다. 금융위기 이후에도 제주도와 세종시 등 미래가치가 뛰어난 지방 부동산에 투자했고, 금융위기의 여파로 가격이 급락한 서울 및 수도권의 부동산을 추가로 매수했습니다. 그렇게 해서 지금 저는 소위 말하는 자산 1,000억 원 이상의 상위 0.01% 자산가가 될 수 있었습니다.

"어떻게 해서 짧은 기간에 부자가 될 수 있었습니까?"

이 말 역시 지금의 제가 종종 듣는 말입니다. 그리고 저는 이 말을 들을 때마다 이렇게 답하곤 합니다.

"투자의 길은 처음이 어려운 법이지, 일단 잘만 들어서면 어렵지는 않습니다."

투자자에게는 첫걸음을 내디딜 때가 가장 중요한 것 같습니다. 많은 전문가들이 지금 같은 저성장사회에서는 과거처럼 높은 수익률을 기대하기는 힘들다고 말합니다. 오히려 손해 볼 수도 있다고들 합니다. 이런 말들에 위축되다 보면, 현재 당신에게 1억 원의 투자자금이 있더라도 1억 원의 돈을 버는 것이 버거워 보일 수도 있습니다. 10억 원의 돈을 버는 것은 언감생심일 것입니다.

하지만 기회는 항상 있습니다. 사실 저는 부동산 투자뿐만 아니라 주식, 채권, 선물 등의 금융 투자, 미술품 경매 등에도 발을 들여놓아 1,000억 원의 자산을 손에 넣게 되었지만 지금 같은 불경기에는 부동산 투자가 자산을 늘릴 수 있는 가장 좋은 수단입니다. 지금 대부분의 사람들이 '투자를 해야 하나, 말아야 하나' 하고 고민할 것입니다. 남들이 이렇게 고민하는 사이에 일단 첫걸음을 잘 내딛고 1억 원을 벌게 되면 그 다음의 과정은 순탄해질 것입니다.

물론 그릇된 투자로 다시 원점으로 돌아갈 수도 있겠지만 이 책은 그런 위험에 대비하면서 자산을 불려나가고 있는 제 경험을 담았습니다. 부동산 투자에 있어 제 경험과 방식이 반드시 정답일 수는 없지만 부동산 투자는 잘만 하면 금융이나 연금 등 다른 투자에 비해 가장 안정적이면서도 높은 수익률을 거둘 수 있습니다. 어느 정도는 저처럼 운도 좀 따라야겠지만 이 책에는 3천만 원 이하의 소액으로도 투자의 길에 들어서려는 사람, '돈의 노예가 아닌 돈의 주인으로 살아가고자 하는 분들'을 위한 제 나름의 경험과 방법 등을 담았습니다.

이 책은 3장으로 나누어 구성했습니다. 제1장에서는 부모에게 물려받은 돈 없이 전세살이를 전전하던 평범한 월급쟁이였던 제가 1,000억 원의 자산가로 성장하게 된 과정을 허심탄회하게 말씀드릴 것입니다. 그리고 제 나름의 투자 노하우를 담은 제2장과 제3장에서는 서울 및 수도권, 지방 주택과 토지에 투자하는 방법 등을 알려드리겠습니다. 제 경험과 방법이 반드시 옳다고 할 수는 없겠지만, 월급만으로는 자녀교육도 노후대비도 힘든 세상에서 한 줄기 희망의 빛이 되어준다면 좋겠습니다.

이 책은 일상과이상 출판사 김종필 대표님 덕분에 나오게 되었습니다. 수년 전 서울 시내 한 호텔의 VIP룸에서 지인들과 조찬모임을 가진 바 있었는데, 그때 김 대표님이 도서협찬을 해주셔서 처음 인연을 맺게 되었습니다. 이후 일상과이상 출판사에서 신간이 나올 때마다 책을 보내주셔서 감사한 마음이었는데, 1년 전부터 제게 원고집필을 부탁했는데도 여러 차례 사양했습니다. 하지만 "IMF 당시에 한 줄기 희망을 건네주신 그분처럼 회장님도 많은 소시민들에게 희망의 등불이 되어주시라"는 김 대표님의 한마디에 마음이 움직였습니다. 그리하여 이 책이 나오게 되었습니다. 비포장도로처럼 엉성하고 거칠기이를 데 없는 제 문장을 신작로처럼 매끄럽게 다듬어주신 김 대표님에게 감사드립니다.

그럼에도 불구하고 저는 이 책에서 제 실명 대신 필명을 사용했습니다. 그간 앞만 보고 살아온 제 삶이 심히 부끄러운 것도 이유이겠지만 개인적으로 여러 사정이 있기 때문입니다. 사실 우리나라에는 저보다 더 큰 부자들도 많고, 부자가 아니더라도 훌륭하신 분들도 많습니다. 이런 분들 중에는 자신이 벌어들인 돈을 사회공헌을 위해 아낌없이 나누는 분도 있습니다. 하지만 저는 몇 년 전까지만 해도 오로지

앞만 보고 살아왔습니다. 나무가 모여 숲을 이루고 그 숲에서 나무들이 더불어 산다는 것을 미처 몰랐기 때문입니다. 지금은 수입의 10%를 익명으로 불우이웃 돕기 등에 기부하고 있는데, '이 책의 판매 인세 전액을 익명으로 기부하겠다'는 변명 아닌 변명을 끝으로, 독자 여러분의 이해와 양해를 구합니다.

월급만으로는 노후대비는 물론 생계유지도 어려워진 세상에서, 이 책을 통해 '돈의 노예'가 아닌 '돈의 주인'으로 사시는 법을 발견하게 된다면 좋겠습니다.

감사합니다.

2016년 새봄에
지은이 김태종

1장

부동산으로 돈 걱정 없이 살기 위해

2장

주택으로 대박수익률 올리기

3장

토지로 대박수익률 올리기

1장

부동산으로
돈 걱정 없이
살기 위해

3천만 원 투자로
8년 만에 100억대 자산가로 성장하기까지

자수성가형 부자 비율이 유난히 낮은 한국,

그럼에도 불구하고 기회는 있다

얼마 전부터 우리 사회에는 '수저계급론'이 유행하고 있습니다. 지금은 분명 중세 신분제 사회가 아닌데도 '금수저, 은수저, 동수저, 흙수저'가 신분을 규정하는 잣대가 되고 있는 것입니다. '금수저'는 자산 20억 원 이상 가구 연수입 2억 원 이상의 상위 1%를 일컫고, '은수저'는 자산 10억 원 이상 가구 연수입 8천만 원 이상의 상위 3%를 가리키며, '동수저'는 자산 5억 원 이상 연수입 5,500만 원 이상의 상위 7.5%를 뜻하고, '흙수저'는 자산 5천만 원 이하의 계층을 말합니다.

이처럼 부모의 자산 정도에 따라 금수저, 은수저, 동수저, 흙수저로 나뉘는 이유는 그만큼 우리 사회에서 불평등이 심화되고, 그에 대한 반감이 크기 때문입니다. 그럼에도 불구하고 앞으로 불평등은 더 심화될 듯합니다. 우리나라에서는 자수성가형 부자의 비율이 갈수록 줄어들고 있기 때문입니다.

최근 미국 피터슨국제경제연구소(PIIE)는 '슈퍼리치의 근원: 억만장자의 성향 분석' 보고서를 발표하면서 "한국의 자산 10억 달러 이상 보유자 중 74.1%가 상속형 부자"라고 했습니다. 전 세계 상속형 부자의 비율은 30.4%인데, 우리나라는 상속형 부자의 비율이 유난히 높은 듯합니다.

PIIE에 따르면 전 세계 자수성가형 부자의 비율은 1996년 44.7%에서 2001년 58.1%, 2014년 69.6%로 꾸준하게 늘었습니다. 반면에 상속형 부자는 1996년 55.3%에서 2014년 30.4%로 줄었습니다. 이는 선진국과 신흥국 모두에서 나타나는 보편적인 현상입니다. 미국과 유럽 등을 포함한 선진국에서 자수성가형 부자의 비율은 2001년 56.4%에서 2014년 79.1%로 늘었고, 같은 기간 중국과 인도네시아 등 신흥국에서도 자수성가형 부자가 58.4%에서 62.7%로 증가했습니다.

전 세계에서 가장 많은 억만장자가 살고 있는 국가인 미국에서 자수성가형 부자의 비율은 71.1%로 나타났습니다. 페이스북의 창업자 마크 주커버그와 구글의 창업자 세르게이 브린 등 자수성가형 부자들은 주로 창업(32%)과 금융(26.8%)을 통해 부자의 반열에 오를 수 있었습니다.

또 최근 10년 동안 억만장자의 수가 2명에서 213명으로 증가한 중국에서는 자수성가형 부자의 비율이 무려 98%에 달합니다. 이중 절반가량이 창업을 통해 부를 쌓았는데, 바이두의 창업자 리옌훙, 알리바바의 창업자 마윈 등이 대표적인 인물입니다.

이러한 추세와는 달리 우리나라에서 자수성가한 부자의 비율은 갈수록 낮아지고 있습니다. 2014년 기준 순자산 10억 달러 이상 억만장자 중 우리나라의 자수성가형 부자의 비율은 25.9%에 불과합니다. 반면에 상속형 부자의 비율은 74.1%에 달합니다. 이러한 수치만 놓고 본다면 우리나라에서 자수성가하는 것은 거의 불가능해 보입니다. 결국 부모를 잘 만나야 부자가 될 수 있는 것일까요?

우리 사회에서 교육은 자수성가를 위한 거의 유일한 방편입니다. 하지만 갈수록 부자의 자녀들이 공부를 더 잘한다고 합니다. 공교육이 흔들리고 값비싼 사교육에 의존하기 시작하면서 부모의 소득에 따라 자녀의 성적까지 차이가 나고 있기 때문입니다. 서울시 교육청에 따르면, 부모 소득이 5백만 원 이상인 중학교 1학년생의 주요 3과목 평균 점수가 부모 소득이 2백만 원 이하인 학생들보다 13% 이상 높습니다. 대학입시 결과도 마찬가지입니다. 2014년 서울대에 합격한 학생들 중 강남구 출신 학생이 강북구 출신 학생보다 무려 21배나 많았습니다.

이러한 한계를 뛰어넘어 강북 혹은 지방 출신의 학생이 소위 말하는 명문대학에 들어간다고 해도 졸업 후에 부자가 되는 것은 쉽지 않습니다. 취업난이 심각해지면서 어학점수와 자격증 등 스펙을 쌓는 데 1인당 평균 4,260만 원을 쓰고 있다고 합니다. 대학등록금뿐만 아니라 이러한 사교육비까지 부담하려면 부모의 등골은 휘게 마련입니다. 결국 가난한 학생들은 학자금대출을 받을 수밖에 없는데, 어렵사리 취업에 성공하게 된다 하더라도 '내 집 마련'은 그림의 떡입니다. 월급 중 상당 부분이 학자금대출과 월세비용으로 빠져나가기 때문입니다.

　그러나 신세한탄만 하는 사이에 불평등은 심화될 것입니다. 앞서 소개한 통계자료에 굴복한다면 절대로 부자가 될 수 없습니다. 부자들 중 상당수인 74.1%가 부모를 잘 만나서 부자가 되었다는 것은 사실이지만 아직까지도 25.9%의 자수성가형 부자가 있다는 사실에 주목해야 합니다. 물론 자수성가형 부자의 비율이 갈수록 줄어들지도 모르지만 아직 기회는 있습니다. '돈의 노예'가 아닌 '돈의 주인'으로 살아갈 수 있는 기회가 아직 남아 있습니다. 그렇다면 '돈의 노예'가 아닌 '돈의 주인'으로 살아가려면 어떻게 해야 할까요? 바로 투자의 길에 들어서야 합니다. 그렇게 하는 순간 당신의 운은 달라질 것입니다.

　물론 최근 국내외 경제 상황은 먹구름이 짙게 감싸고 있어서 투자하기에는 불리한 점이 없지 않습니다. "2016년 세계경제전망은 7년 만에 가장 어둡고, 우리나라의 경제성장률이 2%대로 낮아질 것"이라는 전망도 나오고 있습니다. 중국을 비롯한 신흥국의 경제성장률이 낮아지는 가운데 미국과 유럽, 일본 그리고 한국의 성장세도 약화되고 있기 때문입니다.

　최근 국제통화기금(IMF)과 경제협력개발기구(OECD) 등이 내놓은

부동산 수익률의 제왕

2016년 세계 경제성장률 전망치 평균은 2.9%로 2015년의 세계 경제성장률인 3.1%보다 낮아졌습니다. 이는 글로벌 금융위기의 여파로 0.7%를 기록했던 2009년 이후 7년 만에 가장 낮은 전망치입니다.

그리고 우리나라의 2016년 경제성장률 전망치는 이보다 더 낮습니다. 한국개발연구원(KDI)은 "2016년 한국의 경제성장률은 2%대 중반까지 하락할 것"으로 예측했습니다. 모건스탠리는 '세계경제전망' 보고서를 통해 "2016년 한국의 경제성장률이 최악의 경우 1%를 기록할 수 있다"고 내다봤습니다. 만약 그렇게 된다면 한국 경제는 글로벌 금융위기의 여파에 시달리던 2009년의 경제성장률(0.7%) 이후 7년 만에 최악의 수치를 기록할 것입니다. 참고로 2009년에는 부동산 가격이 폭락해 아직까지도 많은 사람이 부동산 투자에 심한 트라우마가 있습니다.

물론 투자에 있어 경제성장률은 매우 중요한 고려사항이라고 할 수 있습니다. 경제성장률이 높아야 투자의 열기도 살아나기 때문입니다. 지금은 경제성장률이 낮으므로 주식과 펀드 등 금융은 물론 부동산 투자도 잠잠한 편입니다. 그러나 이는 우리가 모두 아는 일반적인 현상일 뿐, 투자의 세계에서는 예외도 존재하는 법입니다. 그리고 이 예외에 주목하는 순간 더 큰 기회가 생기는 법입니다. 전 세계적으로 저성장 기조가 유지된다고 해서 주눅 들 필요는 없습니다.

지금 제가 이렇게 말할 수 있는 것은 지금보다 더 절망적이었던 시기, 집값이 하루가 다르게 추락했던 IMF 외환위기 직후에 새로운 기회를 발견했기 때문입니다. IMF 외환위기 직후에 투자의 세계에 첫발을 내디디면서 제 인생은 모든 것이 달라졌습니다.

부자는 집값이 내릴 때 더 많이 사들인다

우리나라의 경제성장률은 1994년 8.8%, 1995년 8.9%, 1996년 7.2%, 1997년 5.8%였는데도 불구하고 경상수지는 마이너스였습니다. 그로 인해 IMF 외환위기가 벌어졌습니다. IMF 직후인 1998년의 경제성장률은 -5.7%를 기록했습니다. 이는 오일쇼크로 마이너스 성장을 겪었던 1979년 이후에 유일하게 나타난 마이너스 성장이었습니다.

1998년에는 실업률이 7.6%로 높아졌고, 집값도 폭락했습니다. 당시에는 주택 구매 수요가 폭락해 '지금은 집을 살 때가 아니다'라는 심리가 지배해서 1999년 이후 전세 수요가 늘어나 전세가율이 치솟았습니다. 1999년부터 전국의 전세가율이 치솟았는데, 1999년에 59.4%의 전세가율은 2000년에 65.7%로, 2001년에 68.9%로 올랐습니다. 그리고 지역에 따라서는 전세가율이 80%에 이르는 아파트도 생겼습니다.

그런데 IMF 외환위기 직후 두 자릿수였던 금리가 2000년 이후 한 자릿수로 내려가고, 800원대로 추락한 환율이 2,000원대로 올랐습니다. 이로 인해 우리나라 수출경쟁력이 상승하고 해외에서 달러가 유입되었습니다. 시중에 자금이 유입되고 경기가 살아나는 데다 매매가와 전세가의 차이가 크지 않으니 내 집을 마련하려는 구매심리가 증가했습니다. 결국 주택 가격이 상승했습니다.

이러한 현상은 지금의 우리에게 시사하는 바가 큽니다. 오늘날에는 '전세대란'이라는 말이 유행할 정도로 서울과 수도권의 아파트 전세가가 매매가를 따라잡을 정도로 치솟았습니다. 왜 이러한 현상이 나타나는 것일까요? 2016년 2월 기준 서울의 전월세거래 중 월세 비중은 49.4%, 수도권의 전월세거래 중 월세 비중은 46%입니다. 강남 3구의 경우 월세 비중은 50%에 이릅니다. 그리고 월세 비중이 갈수록

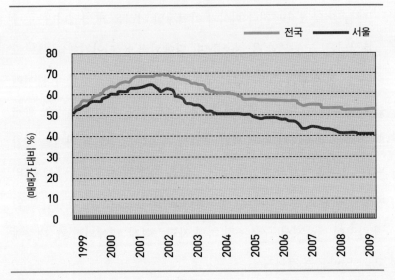

IMF 외환위기 위후 아파트 전세가율 변화

늘어나는 추세이니 전세 매물이 줄어들고 있습니다. 수요에 비해 공급이 줄어들고 있으니 앞으로 전세가는 오를 것 같습니다. 이런 상황에서 기준금리까지 사상 최저로 낮으니 매매가와 전세가가 비슷해진 지금이 투자자 입장에서는 기회일 수도 있습니다.

다시 IMF 외환위기 당시로 돌아가 봅시다. 하루아침에 직장을 잃고 집값까지 폭락한 사람들은 막장 속에 갇힌 심정이었습니다. 건설회사에 다니던 30대 초반의 제 앞날에도 먹구름이 끼었습니다. 1998년에 522개 건설회사가 부도를 맞았는데, 다행히 제가 다니던 회사는 부도 위기는 피할 수 있었지만 매출이 급감했습니다.

어느 날 회의시간이었습니다. 회의를 마친 부장님이 침울한 표정으로 입을 열었습니다.

"다들 잘 알겠지만 지금 회사가 이만저만 어려운 게 아닙니다……."

부장님은 '고통분담'을 강조하며 '명예퇴직'을 이야기했습니다. 그러면서 "전 직원의 절반가량을 구조조정할 것"이라고 했습니다. 여러분도 잘 아시겠지만 구조조정(Restructuring)이란 기업을 둘러싼 환경의 변화에 대응하기 위해 사업 구조를 재편하는 일련의 과정을 뜻합니다. 그 과정에서 수익성이 낮은 사업은 축소 및 철수하거나 M&A의 매물로 내놓고, 보유 자산을 매각하기도 합니다. 그로 인해 대규모 인력 감축이 행해져서 '구조조정'하면 자연스럽게 '명예퇴직'과 '대량해고'가 잇따르는 것이지요.

이제 막 돌 지난 아이의 아버지였던 저는 눈앞이 캄캄했습니다.

'설마 나는 아니겠지. 앞날이 창창하고 회사에서도 인정받는 편이었잖아……'

기우는 현실로 나타났습니다. 1998년 3월 초, 5년간 일한 직장에서 퇴직금을 건네받고 명예롭지 못하게 회사 대신 산으로 갔습니다. 아내와 아이 몰래 말입니다.

'직장도 없고 집도 없는 잉여인간……'

당시에 저는 내 집이 없었습니다. 결혼을 하면서 부모님에게 물려받은 돈도 없었고, 은행 이자가 높아서 대출은 꿈도 꾸지 못했습니다. IMF 직전의 은행 대출금리는 20%에 육박할 정도였습니다. 결혼 전에 허리띠를 조르며 한 푼 두 푼 모래알처럼 모아둔 적금으로, 서울 오류동의 허름한 20평대 저층아파트에서 전세살이를 해야 했습니다.

관악산을 오르내리면 낮 시간을 그럭저럭 보낼 수 있었습니다. 김밥 한 줄을 싸들고 서울 도심의 회사 빌딩들이 내려다보이는 산을 오를 때면 발걸음이 천근만근 무거웠습니다. 산에는 저처럼 하루아침에 일터를 잃은 사람들이 더러 있었습니다. 그들 중에는 저처럼 청년실업자가 된 사람도 있었고, 정년퇴직을 얼마 안 남기고 명예퇴직을 해서 제법 두둑한 퇴직금은 받은 사람도 있었으며, 사업가로 잘나가다 주저앉은 사람도 있었습니다.

그런데 남들과는 좀 다르게 보이는 한 사람이 있었습니다. 관악산 정상에 다다르면 일주일에 서너 번은 만날 수 있는 그분은 40대 후반의 남자였습니다. 그분은 관악산 정상에서 다른 사람들과 멀찌감치 떨어져 앉아 간단한 간식거리를 먹으며 산 아래를 항상 10여 분 동안 멀뚱멀뚱 바라보았습니다. 그러다가 뭣에 그리 쫓기기라도 하는지 부리나케 산 아래로 내려가곤 했습니다.

그러던 어느 날이었습니다. 혹시나 하는 마음에 취업 면접을 보고 오느라 평소보다 좀 늦은 시간에 산중턱쯤을 오를 때였습니다. 철퍼덕 하는 소리에 고개를 들어보니, 십여 미터 위쪽에서 한 사람이 넘어져 있었습니다. 발목을 잡고 인상을 찡그리는 사람은 바로 40대 후반의 그분이었습니다. 급하게 하산하느라 넘어진 것입니다.

"아이고, 괜찮으세요?"

살가운 성격은 아니지만 저는 몸 상태를 걱정해 주었습니다. 다행히 큰 부상은 아니었지만 발목 한쪽이 삐끗한 모양입니다.

'혼자서 내려가는 건 무리일 텐데……'

걸음을 옮길 때마다 자연스레 그분의 인상이 구겨졌습니다. 그날 저는 그분의 한쪽 팔을 제 어깨 위에 걸쳤고, 그분의 목발이 되어주었습니다. 산 아래의 도로에서 그분이 무사히 택시에 올라탈 때까지 말입니다.

그날 이후에도 저는 날마다 산에 올랐습니다. 그리고 한 달가량은 그분의 모습을 볼 수 없었습니다.

'발목이 심하게 다친 것 같진 않던데, 어디 좋은 데 취직이라도 한 걸까?'

산에서 만나는 대부분의 사람들은 신세한탄을 하며 앞날을 걱정했습니다. 하지만 마냥 그럴 수는 없어서 저처럼 산 아래에서 면접을 보러 다니는 사람들이 더러 있었습니다. 그리고 인맥이 좋거나 운이라도 좋은 사람은 재취업에 성공하곤 했습니다. 재취업에 성공한 사람들은 언제 그랬냐는 듯 당당한 발걸음으로 하산했습니다. 그날 이후 그들은 산에서 사라졌습니다.

'나는 언제나 산에서 내려갈 수 있을까……'

그날따라 유난히 이런 걱정에 사로잡힐 때였습니다. 40대 후반의 그분이 멀쩡해진 모습으로 나타났습니다. 그분은 반가워하는 표정을 지으며 제게 다가왔습니다.

"그날 정말 고마웠어요……"

발목 인대가 늘어났기 때문에 그분은 한동안 산에 오르지 못했던 것입니다. "다행히 지금은 완치되어서 다시 산에 오를 수 있어서 좋다"고 말하는 그분의 입가에 살며시 미소가 번졌습니다. 남들은 산에 오르는 날이 더 이상 안 왔으면 하는 마당에 그런 말을 하니, 특이한 사람이구나 싶었습니다.

그날 이후 저는 그분과 제법 가까워지게 되었습니다. 산 위에서 이야기를 나누는 것도 모자라 산 아래에서도 막걸리를 나눠 마셨습니다. 그리고 술집을 나설 때면 그분은 항상 술값을 도맡아 냈습니다. "이런 건 형님한테 양보해야지" 하면서 말이지요.

그분과 점점 가까워지자 서로 많은 이야기를 나누게 되었습니다. 알고 보니 그분은 실직자가 아니었고 많은 부동산을 보유한 자산가였습니다. 1·4후퇴 당시에 아버지를 따라 월남했던 두 살짜리 아이는 훗날 자수성가형 부자가 되었습니다. 무일푼으로 공사장을 전전하던 아버지를 지켜보던 시절에 그분은 '열심히 일만 한다고 해서 신세가 바뀌지는 않는다'고 생각했습니다. '남 밑에서 집을 짓는 것보다 앞으로 멋진 집들이 들어설 땅을 사들이겠다'고 결심했습니다. 하지만 당시에 그분의 수중에는 푼돈밖에 없었습니다.

파독광부, 정부에서 실업문제 해소와 외화획득을 위해 독일로 광부를 파견한다는 소식을 들은 그분은 독일행 비행기에 올랐습니다. 3년 동안 일한 그는 당시로서는 매우 높은 월급인 600마르크(160달러)를 받을 수 있었습니다. 600마르크는 당시 한국 교사 월급의 10배 가까운 액수입니다. 그렇게 모은 돈으로 1970년대와 1980년에 강남 토지에 투자해 큰손이 되었습니다. 소년 시절의 결심을 현실로 이룬 것입니다.

그러던 어느 날 관악산 정상에서 그분이 말했습니다.

"지금이 오히려 기회야! 1년만 지나면 기회가 생길 거야!"

1998년 당시에 집값은 하루가 다르게 추락했지만 그분은 또 다른 투자 기회를 엿보고 있었습니다. "미국의 대공황 직후에도 부자가 된 사람들이 있었다"고 말하며 "위기 뒤에 반드시 기회가 온다"고 했습니다.

제1차 세계대전에서 승전한 이후 강대국의 반열에 오른 미국은 1929년까지 급격한 성장을 이루었습니다. 1920년부터 1929년까지

주가는 4배 이상 올랐고, 농산물과 공산품이 흘러 넘쳤습니다. 실업률은 3%에 불과했고 누구든 마음만 먹으면 손쉽게 돈을 벌었습니다.

그러나 대공황이 시작되면서 모든 것이 달라졌습니다. 1929년 10월 24일 목요일, 하루에만 평소 거래량의 세 배인 1,290만 주가 거래되면서 주식시장은 대폭락했습니다. 그래서 이날은 '검은 목요일'로 기록되었습니다. 그리고 다우존스지수가 28일에는 13.8%, 29일에는 11.7% 하락했습니다. 이후 1933년까지 주식이 90% 가까이 폭락해 휴지조각이 되면서 여러 기업이 도산하고 대량실업과 디플레이션이 야기되었습니다.

1932년 3월에는 미국의 실업률이 36.3%로 늘어났습니다. 많은 사람들이 '직장을 구합니다'라는 문구가 적힌 피켓을 들고 거리를 배회했습니다. 가정이 해체되자 고아가 된 어린아이들이 많았습니다. 그나마 부모와 함께 사는 아이들도 굶주림에 시달렸습니다. 1932년 뉴욕시 보건청에 따르면 아동의 20.5%가 영양실조 상태였습니다.

이처럼 희망이라곤 도무지 찾을 수 없었던 대공황은 1932년에 당선된 프랭클린 루스벨트 대통령이 '뉴딜 정책'을 펼치면서 가까스로 진정 국면을 맞았습니다. 그 후로 1937년까지 주식과 부동산시장은 상승세가 이어졌습니다. 몇몇 우량주들은 10~20배 폭등했습니다. 당시에 이러한 우량주 혹은 부동산에 투자한 사람들은 부자가 될 수 있었습니다.

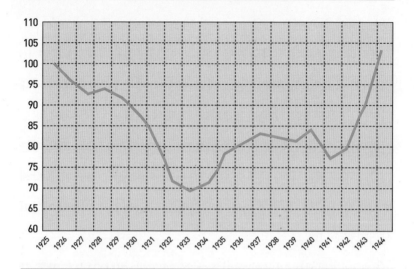

대공황의 여파로 1933년의 미국 주택 가격은 1925년에 비해 31%가량 하락했지만 이후 반등을 시작했다. 1940년에 제2차 세계대전의 여파로 주택 가격은 또다시 하락했지만 이후 급반등했다. 가격이 떨어질 때 투자한 사람들은 부자가 될 수 있었다.

"불황이 한없이 지속되는 경우는 드물어. 장기적으로 보면 주식이나 부동산 가격은 몇 차례 침체기를 거치지만 상승세를 이어가. 대공황 시대에도 주식이나 부동산에 투자해 성공한 사람들이 많았지. 부자들은 주식이나 부동산 가격이 떨어질 때 사들여. 싼 가격에 매수할 수 있는 절호의 기회거든."

1932년 7월 12일 42.68포인트까지 하락했던 다우존스지수는 오늘날까지 몇 차례 침체기를 거쳤지만 결과적으로는 2016년 3월 현재 17,623포인트까지 상승했습니다. 1939년 9월 1일 제2차 세계대전이 발발하자 다우존스지수는 또다시 52.6% 폭락했고, 1987년 10월 19

일 '블랙먼데이' 때 22.61%가 하락했으며, 2001년 9·11 테러 직후인 9월 17일에 684.81포인트가 하락했고, 2008년 9월 29일 글로벌 금융위기 때 777.68포인트가 하락했지만 하락 뒤에는 항상 상승이 이어졌습니다. 그분의 말씀대로 주식과 부동산시장은 장기적으로 보면 몇 차례 침체기를 거치지만 상승국면을 이어갔습니다.

우리나라의 주식시장도 마찬가지입니다. 1997년 IMF 외환위기가 발발하자, 1,000포인트였던 코스피지수는 70% 넘게 폭락해 277포인트까지 떨어졌습니다. 하지만 1999년 말에는 1,000포인트를 회복했고, 몇몇 우량주들은 10배 이상 폭등했습니다. IMF 직후에도 우량주에 투자해 부자가 된 사람들이 있습니다. 그리고 벤처열풍과 함께 등장한 코스닥 주식에 투자해 100배 이상의 수익률을 올린 사람들도 많습니다.

"부자는 집값이 내릴 때 더 많이 사들여!"

그분의 말이 귓속은 물론 가슴속에 파묻히는 순간 저는 새로운 길, 투자자의 길에 들어서게 되었습니다.

매매가와 전세가가 비슷해질 때가 기회다

산중에서 길을 찾게 된 저는 산 아래로 곧장 내려갔습니다. 대기업 계열사인 건설회사에서 건축기사로 일했지만 자존심을 훌훌 떨쳐버리고 크든 작든 공사를 벌이고 있는 현장이면 어디든 달려갔습니다.

비정규직으로 일하느라 예전만큼은 월급을 넉넉히 받지는 못했지만 없으면 없는 대로 생활비를 줄여가면서 수입보다 지출이 많지 않도록 했습니다. 그분이 제게 건넨 충고대로 "부자가 되기 위해서는 우선 수입보다 지출이 많지 않도록 해야 한다"는 생활습관을 실천한 것입니다.

이때부터 저는 항상 이 생활습관을 유지하고 있습니다. 물론 지금은 일 년에 약 100억 원의 수입이 발생하므로 소비습관이 좀 달라지기는 했습니다. 예전처럼 제가 주말도 반납해 가며 일하고, 아내가 살림과 부업을 병행하지는 않습니다. 기사가 제 대신 운전도 해주고, 가사도우미도 두고 있습니다. 백화점 VVIP 카드도 있고, 골프와 승마도 즐기며, 비행기 일등석도 이용하고 있습니다. 하지만 100억 원을 모두 소비하지는 않습니다. 수입의 90%가량을 투자하고 있습니다.

"여윳돈이 생기면 부자가 아닌 사람은 소비를 늘리고, 부자는 투자를 늘려."

예전보다 수입이 줄어든 만큼 생활비를 충당하기도 빠듯했지만 우선 투자를 위한 시드머니를 마련해야 했습니다. 그러기 위해서는 허리띠를 졸라매야 했습니다. 그리고 아내의 적극적인 내조가 필요했는데, 저는 아내에게 구체적인 이유와 앞으로의 투자 계획을 이야기하면서 설득했습니다.

"앞으로 1년간은 매매가가 전세가와 비슷해질 정도로 떨어질 것 같은데, 바로 이때가 기회야!"

이러한 제 예상대로 1999년에는 매매가가 전세가와 비슷해질 정도로 떨어졌습니다. 일부 지역에서 전세가는 매매가의 80%에 육박했습니다.

그런데 최근 수도권의 전세가가 상승해 매매가에 거의 육박한 점에 주목해야 합니다. 이렇게 전세가가 높아지자 좋은 전세 매물을 찾기가 어려워졌습니다. 왜 전세 매물은 사라지고 있는 것일까요?

많은 세입자들이 전세가보다 약간의 돈만 더 보태면 충분히 매수할 수 있는데도, 매수를 하지 않고 전세를 찾습니다. 월세로 살면 매달 임대료를 내야 하니 부담되고, 집을 사자니 집값 하락이 걱정되니 전세를 선호하는 것입니다.

이처럼 전세 수요가 많은 데 비해 공급은 줄어들고 있습니다. 국토교통부에 따르면, 전월세시장에서 월세 비중은 2011년 33%에서 2016년 40%에 이르렀습니다. 전세를 놓던 집주인들이 월세로 전환하니 전세 비중이 줄어들고 있습니다. 게다가 이러한 흐름을 잠재울 만큼의 신규주택 공급량도 많지 않습니다. 방송과 언론에서는 "아파트 공급량이 많아서 미분양이 우려된다"고들 하지만 실제시장에서는 전세가가 낮아지지 않고 있습니다. 이와 관련된 보다 자세한 이유는 제2장에서 알아보기로 하고 이야기를 계속하겠습니다.

이러한 상황에서 2016년 현재 기준금리는 1.5%인데 은행에 예금해 받을 수 있는 이자는 2.5% 내외입니다. 예를 들어 서울 강북의 역세권에 2억 원짜리 소형 주택에 투자한 사람이 있다고 합시다. 2억 원짜리 집의 월세보증금을 2천만 원이라고 칩시다. 그러면 실투자비용은 1억 8천만 원입니다. 이 1억 8천만 원을 2.5%의 이자를 받는 조건으로 은행에 예금한다면 연간 450만 원의 이자소득을 얻을 수 있습니다. 반면에 월세 70만 원을 받는다면 연간 840만 원의 월세소득을 얻을 수 있습니다. 게다가 집값까지 상승한다면 자산가치 또한 상승할 수 있습니다. 이처럼 지금 같은 저금리 시대에는 수익형부동산이 각광받을 수밖에 없습니다.

소위 말하는 부동산 전문가들은 방송이나 신문 등을 통해 "이제는 월세 혹은 반전세를 놓는 수익형부동산이 대세"라고들 말합니다. 하지만 월세를 놓기에는 초기투자비용이 많이 들 수밖에 없습니다. 월급만으로는 먹고살기도 빠듯한 요즘에 1억 이상의 투자비용을 마련할 수 있는 사람이 과연 얼마나 있을까요?

그래서 저는 좀 다르게 생각합니다. 매매가와 전세가의 간극이 줄어든 지금이 바로 소자본으로 투자를 하기에 좋은 시기입니다. 2억 원짜리 소형 주택을 1억 8천만 원에 전세를 놓으면 실투자비용은 2천만 원입니다. 2천만 원으로도 부동산에 투자해 높은 세사차익을 노릴 수 있고, 앞으로 3~5년 후까지 서울 및 수도권의 전세가가 상승할 것 같기 때문입니다. 왜냐하면 앞으로 3~5년 후까지 서울의 강남, 잠실, 목동 등 여러 지역에 오래된 아파트가 많아서 재개발 및 재건축이 여기저기서 이뤄질 것이고, 그로 인해 이주자들이 속출해 전세 수요가 늘 것이기 때문입니다. 그리고 그 여파는 수도권까지 미칠 듯한데, 이와 관련된 자세한 내용도 제2장에서 알아보도록 하겠습니다.

　다시 본론으로 돌아가서, 저는 향후 3~5년간 서울 강북 역세권 소형 주택의 전세가(1억 8천만 원)가 1년에 6%씩 상승하고 매매가(2억 원)가 4% 상승할 것으로 전망합니다. 여러 가지 정황상 앞으로 3~5년간 전세 수요가 꾸준히 늘 듯하고, 전세가가 상승해 매매가를 끌어올리는 추세가 당분간 이어질 것 같기 때문입니다. 2천만 원 투자로 매매가(2억 원)가 4% 상승해 1년에 800만 원의 자산가치를 상승시킬 수 있다면 연수익률은 40%이고, 전세가(1억 8천만 원)가 6% 상승해 1년에 1,200만 원의 현금(전세금 인상분)을 손에 쥐게 된다면 이 돈을 또다시 투자에 이용할 수도 있습니다. 따라서 월세를 놓는 것보다 좋은 결과를 얻을 수 있습니다.

　물론 시장에서는 제 예상을 빗나가게 만드는 변수들이 나타날 수도 있습니다. IMF 외환위기나 2008년 금융위기 때처럼 크나큰 변수들이 생기거나 은행예금금리가 올라간다면 말입니다. 그래서인지 요즘은 안정적이면서 고정적인 수입을 기대하고 월세 혹은 반전세를 놓는 집주인이 증가하고 있습니다.

　하지만 지금은 IMF 외환위기와 2008년 금융위기 때와는 분명 다릅니다. 지금 부동산시장은 일각의 우려와 달리 정상적으로 움직이고 있습니다. 최근 전 세계적으로 저성장 기조가 이어지고 있지만 제2의 IMF 외환위기를 우려할 만큼의 상황은 아닙니다. 또 2008년 금융위기 이전에는 노무현 정부의 각종 부동산 규제정책에도 불구하고 너도 나도 집을 사려는 투기열풍이 불었는데, 당시에는 매매가가 턱없이 고공행진을 하는 데 비해 전세가의 상승폭은 크지 않았습니다. 반면에 지금은 전세가가 먼저 급등해 전세에서 매수로 돌아선 수요자가 늘어나고, 이에 따라 매매가가 뒤따라 상승하고 있습니다. 지금보다 매매가가 폭등해 전세가와 차이가 크게 난다면 투기열풍이 일고 있다고 볼 수 있지만, 지금은 분명 그런 상황은 아닙니다. 참고로 저는 투기열풍이 일고 있다고 확신할 때 매도하는데, 저는 당분간 매수를 늘릴 것입니다.

　이러한 시장 흐름을 고려한다면, 과거처럼 집값 폭등을 노리는 단기 투자가 아니라 중장기 투자를 할 경우에는 결과적으로 이득을 얻을 수 있습니다. 세입자들이 전세에 대한 선호도가 큰 반면에 갈수록

2006년 1월~2015년 7월의 서울 아파트 가격지수 변화

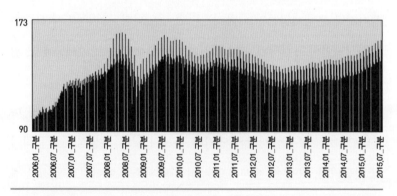

2008년 금융위기 이후 서울 아파트 가격이 일시적으로 하락했지만 전체적으로는 상승세를 나타내 2006년 1월에 비해 2015년 7월에 가격이 44.2% 상승했다. 그리고 2012년 이후 서울 아파트 가격 매매가는 꾸준한 상승세를 이어가고 있다.

전월세시장에서 전세 비중이 줄어드는 점을 감안한다면, 큰 변수가 없는 한 전세가는 앞으로 3~5년간 오를 것 같기 때문입니다. 그러니 바로 지금이 2~3천만 원의 소액으로도 부동산 투자를 할 수 있는 절호의 기회입니다.

매매가가 급격히 떨어진 1998년 5월 무렵에 저는 일생일대의 계획을 아내에게 실토했습니다.

"힘들겠지만 앞으로 1년 동안은 악착같이 6백만 원을 모으자. 그렇게 모은 돈 6백만 원과 명예퇴직금으로 받은 1,200만 원을 합치면 1,800만 원인데, 잘하면 내년에 공덕동 아파트를 살 수 있을 거야. 갈수록 매매가와 전세가의 차이가 줄어드니까 말이야. 그리고 나서 2년 후에 매매가도 오르고 전세가도 오른다면, 올려 받은 전세금과 평소에 모은 돈을 합해 아파트를 더 살 거야…"

저는 아내에게 1년 후는 물론 3년 후, 5년 후, 10년 후까지의 계획을 상세하게 들려주었습니다. 투자를 하는 데 있어서 평생의 동반자가 될 아내를 설득하는 것이 무엇보다 필요하다고 생각했기 때문입니다. 제 이야기를 듣고 있던 아내는 "우리 사정에서 충분히 실현 가능한 목표"라며 고개를 끄덕였고, 아내는 우리 가정의 든든한 버팀목이 되어주었습니다. 이제 막 돌 지난 아들을 돌보느라 직장생활을 할 수는 없었지만 집에서 부업으로 할 만한 일거리를 가져왔습니다. 살림과 부업을 동시에 하면서 한 푼 두 푼 수입을 늘렸습니다. 투자자금을 마련하겠다는 일념으로요.

고생 끝에 낙이 온다고 했던가요. 공사현장의 특성상 주말에도 일하는 경우가 많았습니다. 쉬는 날도 반납해 가며 일하고, 아내의 부업 수입도 보태지다 보니 얼추 예전 월급과 비슷한 수입이 생기게 되었습니다.

시도조차 하지 않으면 기회조차 오지 않는다

'이러다 정말로 집값이 떨어지는 건 아닐까?'

2016년 현재에도 투자심리를 가로막는 가장 큰 장애물은 이러한 우려일 것입니다. 막상 투자하기로 마음먹었는데 '이러다 집값이 떨어지면 어쩌나' 싶어서 그만두는 분들이 많을 것입니다. 날마다 가격이 떨어지고 있는 집을 사자마자 기적적으로 집값이 오른다면 쾌재를 부르겠지만 그 반대의 경우에는 '괜히 집을 샀구나' 하고 후회할 것입니다. 이러한 걱정은 초보 투자자라면 당연히 들 수 있는 심리인데, 사실 저 역시 그랬던 적이 있습니다.

막상 투자의 길에 들어서기로 작심했지만 신문과 방송은 물론 대부분의 사람들이 2000년 이후에도 집값이 더 떨어질 거라고 염려하니, 저 역시 한때는 바람 앞의 등불처럼 흔들거렸습니다.

'애써 모은 돈을 날린다면 더 큰 나락으로 굴러 떨어질 텐데……'

이런 걱정에 흔들릴 때마다 그분은 이런 제 속을 훤히 들여다보듯 말해 주었습니다. 그분은 제게 위로의 말을 건넸습니다.

"처음 투자를 하는 경우에는 흔들릴 수 있을 거야. 게다가 자신이 목표로 한 매물이 계속해서 가격이 떨어지는 경우에는 더 그렇지. 지금 샀다간 더 떨어지는 건 아닐까 걱정될 테고……."

그분은 그럼에도 불구하고 흔들리지 말라고 했습니다. 관심 지역의 발전 가능성과 매매가와 전세가의 차이, 경기회복 추세 등을 유심히 살펴야 한다고 조언했습니다.

"물론 집을 사고 나서도 가격이 더 떨어질 수 있어. 하지만 모든 투자는 어느 정도의 위험을 감수해야 해. 가격이 바닥일 때 투자하는 게 가장 좋은 방법이지만 그 시기를 정확히 아는 것은 나로서도 불가능해. 그렇다고 해서 시도조차 하지 않는다면 기회조차 오지 않아!"

결국 1999년 10월에 1년 6개월간 모은 돈 800만 원과 퇴직금으로 받은 돈 1,200만 원, 그리고 한사코 사양했는데도 불구하고 그분이 빌려준 돈 2천만 원(3년 기한으로)으로 서울시 마포구 공덕동의 삼성아파트 한 채를 매수했습니다. 이 아파트는 IMF 외환위기 직전에 분양했는데 IMF 외환위기 이후 집값은 기약 없이 떨어졌습니다. 최초분양가보다 30%가량 가격이 하락했는데도 팔리지 않은 집들이 있었습니다. 덕분에 최초분양가보다 싼 가격인 1억 5천만 원에 30평대 아파트를 매수할 수 있었습니다. 그렇게 매수한 아파트를 1억 2천만 원에 전세를 놓았으니, 실투자비용으로 3천만 원이 든 셈입니다.

그러고 나서 행운이 뒤따랐습니다. 그분의 예상대로 집값이 반등하기 시작했습니다. 신통방통하게도 그분의 예측이 맞아떨어진 것입니다.

아파트가 하도 안 팔리자 정부는 1999년 3월 23일에 분양권전매 제한 완전폐지를 발표했습니다. 그전까지만 해도 분양권을 전매할 수 없었는데, '2차 중도금까지 낸 사람에 한해 분양권을 팔아야 하는 사유서를 제출하면 전매 가능하다', '최초분양자는 입주 후 매도 시에 양도세가 면제된다'는 등의 규제완화 조치가 발표되었습니다.

그 조치가 발표되고 얼마간의 시간이 흐른 뒤 공덕동뿐만 아니라 마포구 일대, 아니 서울의 분양권시장이 활기를 띠고 '떴다방'이 등장했습니다. 부동산업자들은 매물을 잡고 흔들기 시작했습니다. 2000년 이후 집값이 가파르게 올랐습니다. 덕분에 2000년 10월에 집값은 1억 5천만 원에서 2억 2천만 원으로 올랐습니다.

그런데 뜻밖의 행운이 찾아왔습니다. 1999년 10월에 1억 2천만 원을 주고 전세를 살았던 세입자가 1년만 살다가 이사를 갔는데, 이것이 오히려 득이 되었습니다. 세입자가 나간 뒤 이 아파트를 1억 6천만 원에 전세를 놓았습니다. 1년 만에 1억 5천만 원에서 2억 2천만 원으로 가격이 올랐으니 7천만 원의 투자이익을 거두었고, 전세금이 1억 2천만 원에서 1억 6천만 원으로 올랐으니, 새로운 투자를 위한 4천만 원의 자금이 생기게 된 셈입니다.

"여윳돈이 생기면 부자가 아닌 사람은 소비를 늘리고, 부자는 투자를 늘려."

그분이 해주었던 말을 떠올린 저는 4천만 원에다 그간 저축한 돈

천만 원, 그리고 은행에서 7천만 원을 대출받아 1억 2천만 원을 마련했습니다. 그렇게 마련한 돈으로 공덕삼성아파트 30평대 두 채를 2000년 10월 말에 각각 2억 2천만 원씩 매수하고, 1억 6천만 원씩 전세를 놓았습니다. 총 1억 2천만 원을 들여 아파트 두 채를 추가 매수한 것입니다.

여러분들 중에는 '빚을 내서 투자하는 건 바람직하지 않다'고 생각하실 분이 있을지도 모릅니다만 당시에 제 처지에서는 큰돈인 7천만 원을 대출받은 것은 다음과 같은 이유 때문입니다. IMF 외환위기 직후 두 자릿수였던 금리가 2000년 당시에 한 자릿수로 내려갔으니 대출이자에 대한 부담이 줄어들었습니다. 저축을 좀 줄인다면 대출이자를 충분히 갚을 자신이 있었습니다. 그리고 IMF 외환위기 직후 800원대로 추락했던 환율이 2,000원대로 올라간 것이 청신호로 읽혔습니다. 우리나라의 수출경쟁력이 상승하고 해외에서 달러가 유입되고 있었습니다. 그래서 저는 시중에 자금이 유입되고 경기가 살아나는 데다 매매가와 전세가의 차이가 크지 않으니 내 집을 마련하려는 구매심리가 더 크게 증가할 것으로 내다보았습니다. 앞으로 주택 가격이 상승할 것이라는 확신이 들어서 은행에서 대출을 받은 것입니다.

이렇게 투자의 길에 발을 들여놓은 후 제 인생은 모든 것이 달라졌습니다. 짧은 기간에 높은 수익률을 올린 이후 자연스레 자신감이 생겼습니다. 그 자신감은 일에까지 이어져 2000년 연말을 앞둔 시기에 대기업 건설사에 재취업했습니다. 1998년에 -5.7%였던 경제성장률이 1999년에 10.7%로 높아졌고, 주택 가격이 상승하기 시작해 건설 경기가 살아난 덕분에 재취업에 성공했다고 볼 수도 있지만 저는 그 때의 자신감이 또 다른 행운을 몰고 왔다고 생각합니다.

이후 행운은 몇 년간 이어졌습니다. 2008년 금융위기 전까지 우후 죽순처럼 집값은 올랐고 전세금도 덩달아 올랐습니다. 일례로 제가 처음 매수한 공덕삼성아파트 30평대는 2007년 당시에 6억 5천만 원 까지 올랐습니다. 1999년에 1억 5천만 원에 샀으니 8년 만에 5억 원 이 오른 것입니다.

누누이 강조하지만 투자자는 초심을 잃지 말아야 합니다. 저희 부 부는 2000년부터 2002년까지 초심을 잃지 않고 생활했습니다. 은행 대출이자를 갚으면서도 생활비를 아껴가며 약 천만 원을 모았습니다. 그리고 2002년에는 공덕삼성아파트 세 채에서 전세금 인상분으로 1 억 3천만 원을 얻을 수 있었습니다. 덕분에 은행에서 대출받은 7천만 원을 갚을 수 있었고, 그분에게 빌린 돈 2천만 원도 갚을 수 있었습니 다. 그리고 나서도 남은 돈의 일부인 3천만 원을 코스닥 IT 관련주에 단기 투자해 5억 원 이상을 벌 수 있었습니다.

부동산 투자를 하면서 다른 투자를 병행하는 것이 유리하다

이쯤에서 여러분 중에는 반감을 가질 분들이 있을지도 모르겠습니 다. 부동산 투자 이야기를 하다가 주식 투자로 높은 수익률을 거두었다고 하니 말이죠. 만약 그때 주식 투자를 하지 않고 가진 돈 전부를 부동산에만 투자했다면 공덕동에 30평대 아파트 한 채를 간신히 샀을 것입니다. 이 경우 어쩌면 지금처럼 짧은 기간에 상위 0.01%의 자산가가 되지 못했을 것입니다.

보다 높은 수익률을 올리고 싶다면 '어제 통하던 방식'을 버려야 합니다. 투자자들 중 상당수는 자신의 성공 경험에서 벗어나지 않으려는 경향이 있는데, 이 경우 보다 높은 수익률을 올리는 데 한계가 있습니다. 같은 이치로, 초보 투자자는 주식이든 부동산이든 두세 번 연속으로 투자에 실패하면 시장에서 많이들 떠나시게 됩니다. 실패 경험에서 벗어나지 못한 채 '이 시장에서는 더 이상 희망을 기대할 수 없다'는 주관적인 판단을 내리게 됩니다.

투자의 세계에서는 항상 100%의 성공을 거둘 수는 없습니다. 주식 투자의 구루라는 워렌 버핏도 주식 투자로 실패할 때가 종종 있습니다. 주식으로 성공한 투자자는 주식으로만 승부를 보려 하고, 부동산으로 성공한 투자자는 부동산에만 열심히 투자하려 하는데, 주식이든 부동산이든 잠시 주춤할 때가 있습니다. 그러니 한 우물만 계속 파는 것보다 다른 우물에도 관심을 갖는 것이 유리합니다.

이러한 이유로 당시에 저는 부동산 말고도 주식에도 관심을 가졌습니다. 요즘에는 여의치 않을 수도 있지만, 부동산에 비해 주식은 단기투자로 높은 수익률을 거둘 수 있는 장점이 있습니다. 그래서 주식에도 관심을 가졌는데, 주식 투자를 위해 부동산 투자 못지않게 시장을 읽고 객관적으로 분석하고자 노력했습니다.

저는 투자자라면 객관적인 판단을 내릴 수 있어야 한다고 생각합니다. 과거에 성공을 거듭했든 실패를 거듭했든 시장을 항상 객관적으로 읽어내야 합니다. 투자자는 우선 자신의 성향을 파악해야 하며, 과거의 시장을 연구하고 현재의 흐름을 읽어내야 합니다.

저는 코스닥에 신규상장한 한 회사를 눈여겨보았습니다. 이 회사의 성장잠재력을 높이 평가해 투자하기로 마음먹었습니다. 앞으로는 미국의 마이크로소프트나 애플처럼 하드웨어보다 소프트웨어에 주력한 벤처기업이 급성장할 것이라 전망했습니다. 하지만 투자자는 항상 리스크를 고려해야 합니다. 보다 많은 투자를 하면 더 큰 수익률을 올릴 수 있지만 반대로 더 큰 손실을 볼 수도 있습니다. 그래서 저는 제가 가진 돈 전부를 투자하는 것 대신에 그중 일부인 3천만 원을 주식에 투자했습니다.

여하튼 저는 제 투자 인생에서 새로운 시도인 주식 투자에도 발을 들여놓았는데 결과는 좋았고, 그렇게 얻은 수익금으로 더 많은 부동산에 투자할 수 있었습니다. 이후에도 저는 부동산 투자를 병행하면서 주식, 채권, 선물 등의 금융 투자, 미술품 경매 등에도 발을 들여놓았는데 때로는 손해를 보는 적도 있었지만 결과적으로는 보다 높은 수익률을 거두었습니다. 이렇게 올린 수익의 80% 이상을 부동산에 투자해 왔는데, 지금도 제가 가진 자산의 80% 이상을 부동산에 투자해 놓았습니다. 왜냐하면 부동산 투자는 다른 투자에 비해 가장 안정적이기 때문입니다.

다시 부동산 이야기로 돌아가겠습니다. 6억 원 가까운 현금을 손에 넣게 되자 부동산 투자의 스케일은 커졌습니다. 2002년 12월에는 압구정동의 신현대아파트 30평대를 5억 5천만 원에 매수했는데 2007년에 14억 원까지 올랐고, 그 아파트와 같은 단지에 있는 50평대도 매수했는데 9억 5천만 원에서 24억 원까지 올랐습니다. 참고로 2008년 금융위기 직후에 다른 아파트들의 가격이 폭락했다 회복하지 못한 데 반해 신현대아파트 50평대는 2016년 현재에 26억 원까지 상승했습니다.

이렇게 해서 저는 2007년 무렵에 수도권의 아파트 20여 채와 판교 등의 토지를 보유하게 되었습니다. 1999년에 첫 투자를 시작한 이후 8년 만에 100억 원대의 자산가로 거듭나게 된 것입니다.

그리고 2008년이 되자 IMF 외환위기 때와 비슷한 상황이 벌어졌습니다.

임장과 함께 나만의 부동산 투자지도를 그려라

2007년부터 발생한 서브프라임 모기지(subprime mortgage) 사태로 뉴센추리 파이낸셜, HSBC 등이 막대한 피해를 입기 시작했습니다. 2008년 9월 15일, 미국의 투자은행 리먼 브러더스가 파산 신청을 했습니다. 미국 정부는 1주일 뒤에 리먼 브러더스를 파산시키기로 결정했습니다. 2008년 금융위기의 여파로 부동산 가격이 또다시 폭락했지만 저는 산 아래의 풍경을 느긋하게 조망했습니다. 9년여 전인 1999년에 제게 멘토가 되어주신 그분이 그랬듯이 말입니다.

아마도 여러분 중에는 '부자들이 골프나 승마를 즐길 뿐이지 등산을 즐기지는 않는다'고 생각하는 분들이 많을지도 모릅니다. 하지만 저를 비롯해 제가 아는 대기업 총수와 상위 0.01% 자산가 중에는 실제로 등산을 즐기는 분들이 많습니다. 그렇다면 부자들은 왜 산에 오르는 것일까요?

일례로 대기업의 회장실은 대개 가장 높은 층에 위치합니다. 평소에 업무를 보는 공간이 가장 높은 곳에 위치하는 셈이죠. 리더는 보다 넓은 시야를 갖고 현 상황은 물론 미래에 대비하는 것이 습관화된 존재입니다. 가장 높은 층은 지배구조를 나타내는 일종의 상징이 될 수도 있겠지만 남보다 높은 곳에 위치해야 보다 넓은 시야를 확보할 수 있습니다. 마찬가지로 한 지역에서 가장 높은 고도의 산에 오르면 투자에 유리한 보다 넓은 시야를 확보할 수 있습니다.

산 아래보다 산 위에서는 넓은 지역이 눈에 들어옵니다. 예를 들어 관악산에 오르면 서울 시내가 한눈에 들어옵니다. 산 아래에서 아파트 매물을 임장(현장조사)하면 좁게는 해당 매물의 내부 상태를 확인할 수 있고, 넓게는 단지간의 거리와 인근의 교육·교통·공원 등 생활편의시설을 확인할 수 있습니다. 하지만 서울시 전체 시장에서 과연 이 매물이 어떤 가치를 지니고 있는지, 앞으로 어떤 가치를 지닐 수 있는지를 알아보는 데는 한계가 있습니다.

물론 "백 번 듣는 것보다 한 번 보는 것이 낫다"는 말이 있듯이 부동산 투자를 위해 임장을 하는 것이 꼭 필요하지만 보다 넓은 시야를 갖는 것도 필요합니다. 서울 시내가 한눈에 들어오는 산 위에 올라 산 아래 풍경을 바라본다면 일종의 부동산 투자지도를 얻게 되는 셈이지요. 실제로 산 위에 오르면 서울 시내의 어느 곳에 대단지 아파트가 들어서고 있는지, 어떤 지역에 대형 빌딩이 공사 중인지를 알 수 있기 때문입니다.

반면에 네이버나 구글 등이 제공하는 지도 서비스와 부동산업자들이 내놓는 개발 청사진으로는 부동산의 현재가치와 미래가치를 정확히 파악하는 데 한계가 있습니다. 포털사이트가 제공하는 지도는 대개 수개월 내지 수년 전에 촬영한 사진을 토대로 만든 것들이므로, 막상 현장에 나가보면 다른 경우가 종종 있습니다. 지도에 없던 건물이 실제로는 새로 들어선 경우가 많습니다. 지도에는 없던 유해시설이 새로 들어선 경우도 있습니다.

또 요즘에는 투자자를 위해 투자 리스크까지 상세히 설명해 주는 양심적인 부동산업자들도 많이 있지만 부동산 사무실이나 부동산 개발회사 등에 찾아가면 상당수의 부동산업자들이 여러분이 관심을 갖는 매물의 단점보다는 장점을 강조하기도 합니다. 구매 의사를 갖고 찾아오는 매수자에게 "이 매물 주위로 대기업이 들어오니 주택 수요가 늘 것이다, 지하철 연장노선과 GTX가 들어온다"는 등 미래가치를 강조하며 구매욕을 자극하기도 합니다. 그러면서 "지금이 바로 기회다, 남들보다 한 발 앞서 이 매물에 투자하라"고 합니다.

물론 이 말은 틀린 말이 아닙니다. 남들이 보지 못하는 미래가치를 읽어내면 보다 높은 수익률을 올릴 수 있기 때문입니다. 하지만 이런 사람들이 내놓는 개발 청사진은 사실과 다른 경우가 많습니다. 신문에 보도된 것과는 달리 대기업 이전이 이뤄지지 않을 수도 있고, 지하철역이 들어서지 않을 수도 있습니다. 이들의 말을 듣고 무작정 투자에 나섰다가는 리스크가 따를 수도 있습니다.

그래서 저는 임장과 함께 해당 도시를 조망할 수 있는 산 위에 오를 것을 권하고 싶습니다. 모든 매물은 가까이에서 확인하고 멀리서도 조망하는 것이 좋습니다. 임장을 통해 해당 매물의 가치를 가까이에서 확인할 수 있고, 산 위에서 나만의 부동산 투자지도를 얻어내어 해당 지역 전체에서 해당 매물이 얼마만큼의 가치를 지니는지도 판단할 수 있기 때문입니다.

이러한 방법으로 저만의 부동산 투자지도에 유망매물을 표시할 수 있었습니다. 부동산 투자 노하우에 대해서는 제2장과 제3장에서 보다 상세히 알아볼 것인데, 여기서는 몇 가지만 소개하겠습니다.

IMF 외환위기 직후에는 건설사들의 부도로 인해 서울 시내에는 공사가 중단된 아파트 건설현장들이 많았습니다. 산 위에서는 이러한 광경이 한눈에 들어왔습니다. 상당수의 아파트 건설현장이 공사가 중단된 채 흉물스럽게 서 있었습니다.

그런데 강남 지역과 공덕동의 아파트 건설현장에는 조금씩 변화의 바람이 부는 듯했습니다. IMF 외환위기에 굴하지 않고 공사를 진행하는 곳도 있었고, 잠시 중단되었던 공사를 재개하는 곳도 눈에 띄었습니다. 저는 이런 곳들이야말로 미래가치가 있다고 판단했습니다. 그리고 그중에서 매매가와 전세가의 차이가 크지 않은 공덕삼성아파트를 제 투자지도에서 유망매물로 표시해 두었습니다.

투자지도에서 이 아파트를 유망매물로 표시해 두기 전에 저는 임장을 여러 차례 다녀왔습니다. 1999년 당시 공덕동에는 5호선 공덕역이 이미 개통되어 있었고, 6호선 공덕역 공사가 한창이었습니다. 6호선 공사가 날이 갈수록 진척되는 것을 두 눈으로 확인할 수 있었습니다. 이 정도면 미래가치가 있겠구나 싶었습니다.

산 위에서 내려다볼 때, 공덕동은 지리적으로 여의도와 가깝고 종로 등 서울시청과 서울역 등이 있는 도심과도 가깝습니다. 한강시민공원과도 가까우니 생활편의성 또한 있는 편입니다. 그리고 강변북로와 올림픽대로를 이용해 강남에도 쉽게 접근할 수 있습니다. 게다가 실제로 임장해 보니, 공덕역에서 도보로 5분 거리인 곳에 아파트 공사가 재개되고 있는 것이 눈에 띄었습니다. 그래서 첫 번째 투자대상으로 공덕삼성아파트를 눈여겨보았고, 제 투자지도에 일순위로 표시해 두었습니다.

제 방법이 반드시 옳다고 할 수는 없겠지만 제 경우에는 투자 초기에 특정 지역(공덕동)에 집중해 투자했습니다. 처음 투자에 성공한 지역에 앞으로 더 투자해도 좋을지를 판단하기 위해 특정 지역에 집중한 부동산 투자지도를 그려나갔습니다. 2002년에는 공덕역 주위에 오피스텔건물들이 하나둘 들어서고, 많은 인구가 유입되었습니다. 관악산 정상에서 내려다보니 공덕역 주위의 스카이라인이 눈에 띄게 변하기 시작한 것입니다. 그래서 이 지역에 좀 더 투자해도 되겠다는 판단이 섰습니다. 투자지도에 동그라미를 더 그려 넣었습니다.

그리고 어느 정도 투자에 눈을 뜬 이후에는, 산 아래와 산 위를 오가며 보다 넓은 시야를 갖게 되면서 투자지도를 업그레이드했습니다. 공덕동 아파트 투자에 그치지 않고 스카이라인이 눈에 띄게 변하고 있는 강남 지역에 주목했습니다. 제 투자지도에는 강남 지역의 아파트들이 투자 일순위로 자리매김했습니다. 그리고 서울에만 한정되었던 투자지도를 좀 더 넓혀 분당과 일산의 대형 아파트도 투자대상으로 삼기 시작했습니다. 1기 신도시인 분당과 일산의 아파트들은 서울 아파트 못지않은 장점을 갖고 있기 때문입니다.

서울 아파트들은 우리나라의 중심인 서울 시내에 위치한다는 장점이 있지만 도심과 가까울수록 도로정체가 심해집니다. 도로가 막히면 보다 큰 도로를 만들어야 하는데 서울시의 지가가 워낙 높은지라 여의치 않습니다. 공원 등의 녹지 공간도 부족한 편이고, 단지 내에 학교가 있는 아파트도 적습니다. 마트와 백화점 등의 쇼핑시설도 부족합니다. 게다가 경기가 회복되기 시작한 2000년 이후에는 집값이 나날이 오르기 시작해 서민 입장에서는 '서울에 아파트 한 채 갖는 것'

이 그림의 떡으로 여겨질 정도입니다.

반면에 분당과 일산의 신도시는 계획도시로 조성되었기 때문에 주거환경이 뛰어난 편이고, 2004년 당시에는 서울에 비해 집값도 저렴한 편이었습니다. 이들 신도시들의 주거 지역에는 아파트와 단지형 빌라, 상가주택 등이 있는데, 단지 사이의 도로폭도 넓고 단지 사이에는 학교와 공원, 상가 등이 있어서 생활편의성이 뛰어납니다. 게다가 대부분의 단지들에서 도보로 10분 내외의 거리에 지하철이 위치해 있습니다. 지하철역 인근에는 상업시설이 밀집해 있습니다. 일산신도시를 예로 들면 지하철 3호선 마두역과 정발산역 인근에는 소형주택 및 사무실을 선호하는 사람들을 위한 오피스텔건물과 라페스타 등의 상업시설이 밀집해 있습니다. 그리고 롯데백화점 등의 쇼핑시설도 있습니다. 또 일산호수공원도 인근에 있습니다.

저는 일산신도시의 한가운데에 있는 정발산에 올라 이러한 점을 발견했습니다. 투자에 앞서 일산신도시를 한눈에 조망하고자 한 것입니다. 그러고는 산 아래로 내려와 수차례 임장을 다녀왔습니다. 그 결과 2004년 5월에 마두동의 40평대 아파트 두 채를 3억 8,500만 원과 3억 9천만 원에 매수했습니다. 그리고 이 아파트들은 2007년에 8억 2천만 원까지 상승했습니다.

같은 방식으로 같은 해인 2004년 7월에 분당의 40평대 아파트 세 채를 매수했는데, 일산의 아파트 못지않게 가격이 상승했습니다. 그리고 2004년에는 강남의 20평대 아파트 네 채를 매수했고, 판교의 30

평대 아파트 한 채를 분양받았는데, 이 역시 좋은 결과를 얻었습니다. 이는 모두 부동산 투자지도를 십분 활용한 덕분입니다.

투자자는 한 박자 먼저 움직인다

만약 우리에게 앞날을 정확히 예측할 수 있는 능력이 있다면 실로 큰 부자가 될 수 있을 것입니다. 복권번호나 급등주를 예측할 수 있다면 은행은 물론 사돈의 팔촌 돈을 빌려가면서까지 투자를 할 것입니다. 그러나 안타깝게도 우리는 앞날을 정확히 예측할 수는 없습니다. 우리는 실수라는 것을 한두 번쯤은 하며 사는 '인간'이기 때문입니다. 그리고 저 역시 하나의 인간에 불과합니다.

2008년 금융위기 직전에는 너도 나도 서울과 수도권의 버블 세븐 부동산에 투자했습니다. "사촌이 서울 부동산을 사서 부자가 되었다"는 소식을 들으면 자신의 소득 수준을 고려하지 않고 무리하게 대출을 받으면서까지 투자에 뛰어들었던 것입니다. 금융위기 이전인 2006년 11월 서울 아파트의 평당 매매가는 1,463만 원, 전세가는 551만 원이었습니다. 전세가율이 37.7%밖에 안 되었으니 투기열풍이 분 것입니다. 당시에는 서울 아파트의 전세가와 매매가의 차이가 매우 컸는데도 불구하고 무리하게 빚을 내면서 투자에 뛰어든 사람들이 많았습니다. '서울 아파트가 황금알을 낳는 거위'로 인식되었기 때문입니다.

하지만 2008년 금융위기 전부터 시장에는 이미 이상기류가 형성되고 있었습니다. 저는 2006년 이후에 서울의 아파트 투자에 더 이상의 돈을 투자하지는 않았습니다. 왜냐하면 산 아래에서 임장을 하고 산 위에서 서울 시내를 내려다보면서 이상기류를 포착했기 때문입니다. 서울에서는 수요에 비해 과하다 싶을 정도로 많은 아파트가 지어지고 있었습니다. 정부의 부동산 규제 정책에도 불구하고 많은 건설사들이 아파트를 지었습니다. '이러다가는 1년 내에 서울 아파트 가격이 내릴 수도 있겠구나' 싶었지만 제 예측은 살짝 빗나갔습니다. 2008년 금융위기 직전까지 서울 아파트 가격은 상승세를 이어갔습니다.

뭐든지 지나치면 좋지 않은 결과를 낳는 것 같습니다. 투자가 지나치면 시장에는 거품이 끼게 마련입니다. 노무현 정부는 취임 직후부터 서민 주거안정화를 위한 부동산 대책을 발표했습니다. 2003년 5월 23일에 5·23 부동산 대책을 발표했는데, '부동산 관련 세무조사 실시, 분양권 전매 금지 확대, 재건축 아파트 80% 이상 시공 후 분양, 투기과열지구 및 투기 지역 확대 지정, 과다 보유자 보유세 강화' 등이 그와 관련된 대책입니다. 같은 해인 2003년 10월 29일에는 10·29 부동산 대책을 발표했는데, '다주택 보유자에 대한 양도세 및 재산세 인상, 부동산 담보대출 비율 축소' 등이 그와 관련된 대책입니다. 2005년 8월 31일에는 1가구 2주택자의 양도세율을 50%로 인상했고, 2006년 11월 3일에는 개발 밀도(용적률과 건폐율)를 축소했습니다. 2007년 1월 11일에는 분양가 상한제를 실시했습니다.

그럼에도 불구하고 부동산 가격은 내리지 않았습니다. 정부의 부동산 대책들이 발표되고 버블논란 등이 일 때마다 시장에서는 매매가가 일시적으로 주춤했지만 또다시 상승했습니다. 2007년 1월 11일 분양가 상한제 시행을 앞두고 건설사들이 그전에 고분양가를 내놓았는데도 불구하고 투자자들은 새 아파트에 투자했습니다. 왜 그랬을까요? 당시에 많은 투자자들은 이성적으로 판단하지 않았습니다. 정부의 규제와 전문가들의 경고에도 불구하고 부동산 가격이 오르고 있으니, 욕망을 제어하지 못했던 것입니다. 주식이든 부동산이든 오르는 때가 있으면 내릴 때도 있는데, 많은 투자자들이 그 사실을 인정하기 싫었던 모양입니다.

여러분은 혹시 '투자'와 '투기'가 어떻게 다른지 생각해 보신 적이 있으십니까? 금융위기 직전까지 많은 투자자들이 투기꾼으로 변질되었습니다. 저는 '투자'란 철저한 준비와 생산적 활동으로 좋은 결과를 창출하는 것이라고 생각합니다. 투자는 우리가 직장에서 월급을 받기 위해 열심히 일하는 것과 같은 생산적인 행위입니다. 좋은 직장인은 생산 과정에서 발생하는 이익뿐만 아니라 리스크도 고려합니다. 마찬가지로 좋은 투자자 역시 투자로 인한 이익뿐만 아니라 손실도 고려합니다. 투자자는 생산 과정에서 손실이 발생할 것이 예상되면 투자를 잠시 중단할 줄 압니다. 반면에 '투기'는 스스로의 판단이나 노력이 아닌 '운'에 의해 미래의 이익을 창출하려는 행위입니다. 투기꾼은 철저한 준비와 생산적 활동 없이 오로지 요행만을 바랄 뿐입니다.

지금까지 우리나라의 부동산은 1990년대 초반, 1997년 IMF 외환 위기, 2008년 금융위기 이후를 제외하고는 부동산 가격이 올랐습니다. 그래서 예전에는 남보다 다소 늦게 매수하더라도 부동산으로 돈을 버는 사람들이 많았습니다.

하지만 오늘날에는 어떠한가요? 2008년 금융위기 이후 부동산 가격이 예전처럼 급등하지는 않고 있습니다. 전 세계적으로 저성장 기조가 유지되고 있으니, 이제는 "부동산을 사기만 하면 돈을 번다"는 투기 행위로는 실패를 맛볼 수도 있습니다. 따라서 진정한 투자자가 되기 위해서는 남보다 먼저 시장을 분석하고 행동에 옮기는 노력이 필요합니다. 시장에서 이상기류를 포착하면 잠시 투자를 멈출 줄도 알아야 합니다.

저는 투자자의 입장에서 2006년 무렵부터 이상기류를 발견했습니다. 과거의 정상적인 상황이라면 전세가가 올라서 전세에서 매수로 돌아선 수요자가 늘어나고, 이에 따라 매매가가 뒤따라 상승하는 것이 일반적입니다. 하지만 2006년 무렵부터는 그와 정반대의 현상이 나타나고 있었습니다. 전세가가 오르지 않고 있는데도 매매가 턱없이 고공행진을 했습니다. 그래서 2006년 무렵에 저는 '서울의 아파트 투자를 중단해야 하나, 아니면 좀 더 투자해야 하나' 망설였습니다.

사실 이미 성공을 맛본 투자자에게 가장 어려운 것은 더 이상의 투자를 중단하는 것입니다. 성공의 재미는 마치 마약처럼 중독성이 있어서 우리를 도박판의 수렁에 빠뜨리게 합니다. 도박판에서는 아무도 빠져나올 수가 없습니다. 돈을 잃은 사람은 손실을 복구하려고 계속 도박을 하고, 돈을 딴 사람도 더 큰 돈을 따려고 계속 도박을 합니다. 이러한 심리에 사로잡히게 되면 투자자는 도박사, 즉 투기꾼이 되어버립니다. 그때까지 단 한 번도 실패를 경험하지 않았던 저는 어쩌면 부동산 투자에 어느 정도 중독되었을지도 모릅니다. 제 이성은 "더 이상의 투자는 무리야"라고 말해 왔지만 제 감정은 "아직은 도박판을 떠날 때가 아니야"라고 말해 왔습니다.

제가 만약 2006년 이후에도 서울의 아파트를 사들였다면 어떻게 되었을까요? 물론 2007년까지도 가격이 올랐습니다. 하지만 2006년에 서울 아파트를 사들이고 2년 후인 2008년에 내다팔았다면 저는 "1가구 3주택 이상은 양도세 60%를 내야 한다"는 당시의 부동산 정책에 따라 양도세를 내고 나면 실제로는 큰 재미를 못 보았을 것입니다.

결과적으로 저는 다른 사람들보다 한 박자 먼저 움직였습니다. 대부분의 사람들이 2008년 이후가 되어서야 서울의 아파트 투자를 멈추었지만 저는 2006년부터 투자를 중단했습니다. 서울 아파트시장은 '앞으로 좋아질 것이다'와 '그렇지 않을 것이다'라는 판단 사이에서 후자에게 손을 들어주었던 것입니다.

2007년부터는 부동산들을 하나둘 매도했습니다. 우선 일산 아파트 두 채와 분당 아파트 세 채를 매도했습니다. 3년 사이에 한 채당 가격이 4~5억 원가량 상승했으니 양도세를 내고 나서도 제법 큰 수익금을 얻을 수 있었습니다.

하지만 저는 이제까지 사들인 모든 아파트를 매도하지는 않았습니다. 공덕동과 강남, 판교의 아파트는 매도하지 않았습니다. 이 아파트들의 가격이 하락한다 하더라도 워낙 인기 지역인 만큼 리스크가 크지 않다고 판단했습니다. 시장이 회복세로 돌아서면 이 아파트들이 가장 먼저 회복할 것으로 내다봤기 때문입니다.

여하튼 당시의 그 판단으로 인해 2008년 금융위기 당시에는 제가 보유한 서울 지역의 아파트들 중에는 가격이 하락한 것들이 더러 있었습니다. 그러나 이 아파트들의 가격은 대부분 몇 년 후 최고점을 갱신했습니다.

다시 본론으로 돌아가, 2007년에는 일산과 분당의 아파트 5채를 매도하고 얻은 수익금으로 더 많은 아파트를 매수했습니다. 서울과 1기 신도시의 아파트 투자를 그만두는 것을 선택하는 대신 새로운 지역에 투자한 것입니다. 임장과 투자지도를 고려해 본 결과, 이제 막 입주를 마친 성남 판교와 인천 송도의 30평대 아파트 10여 채를 매수했습니다. 장기적인 관점에서 판교와 송도 지역의 아파트에 투자하는 것이 유망하고, '지금이 남보다 한 박자 먼저 움직일 때'라고 판단했기 때문입니다. 그리고 그해에는 판교 지역의 토지도 매수하면서 아파트 투자보다 한 단계 업그레이드된 방법이 요구되는 토지 투자에도 발을 들여놓기 시작했습니다. 그리하여 2008년 금융위기가 찾아올 당시에 저는 서울 및 수도권의 아파트 20여 채와 판교 토지를 보유한 채 산 아래를 조망하고 있었습니다.

2 부자는
끊임없이 진화한다

불황에도 상승하는 매물을 발견하라

2008년 금융위기가 발발하자 아파트 공사가 중단되는 일이 속출했습니다. 건설업계의 자금난으로 공사가 중단되는 아파트가 늘면서 분양금을 환급하는 경우도 생겼습니다. 금융위기가 일어나기 직전에 저는 대기업 건설사에서 퇴사했습니다. 이미 100억 원대의 자산가가 되어서 회사를 다니지 않고도 생계유지와 노후대비를 할 수 있어서이기도 했지만 작은 건설회사를 창업하기 위해 퇴사한 것입니다. 아파트에 그치지 않고 토지 투자에 발을 들여놓으면서 이제껏 해왔던 건축일의 노하우를 십분 활용하기로 마음먹었기 때문입니다. 저는 토지만 매수해 시세차익을 노리고 되파는 것보다 매수한 땅에 건물을 지어 파는 것이 훨씬 부가가치가 높다고 판단했습니다.

2008년 금융위기 당시에는 금리와 환율이 급등해 국민들의 살림살이가 말이 아니었습니다. 수익이 줄고 소비가 감소되면서 아파트 거래량 역시 감소했습니다. 그러자 "사상 최악의 부동산 가격 폭락 사태가 닥쳐올 것"이라는 우려까지 나오게 되었습니다.

이러한 우려는 곧 현실로 나타났습니다. 수도권 대부분의 지역이 하락세로 돌아섰고, 재건축시장에서도 매수 수요가 크게 줄었습니다. 일례로 재건축 아파트 단지가 밀집된 강동구 고덕동과 상일동 일대의 매매가는 평균 5천만 원 가까이 하락했고, 매수세가 전혀 없어 시세보

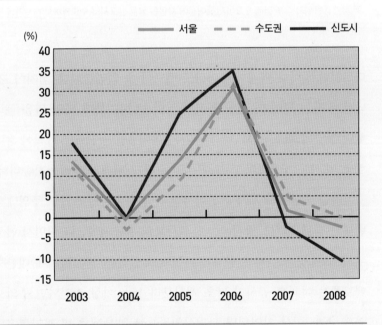

2003~2008년의 아파트 매매가 상승률

투기열풍이 거셌던 2006년까지만 해도 서울과 수도권, 신도시의 매매가가 연간 30% 이상 상승했지만, 금융위기 직후에는 매매가가 마이너스로 하락했다.

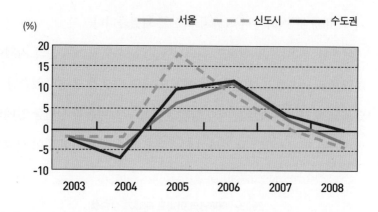

2008년 금융위기 직후 전세 수요마저 줄어들어 서울은 물론 신도시와 수도권까지 전세가가 크게 하락했다.

다 3천만 원이나 싸게 내놓더라도 매도할 수 없었습니다. 심지어 '강남불패'라는 말이 더 이상 통하지 않았습니다. 한때 10억 원을 돌파했던 강남의 개포주공1단지의 52㎡는 9억 3천만 원으로 가격이 하락했고, 대치동 쌍용 1차 102㎡은 9억 원까지 매매가가 떨어졌습니다.

이러한 상황에서 제가 건설회사를 창업하려 한다고 하니 주위에서 반대가 심했습니다. 당시에는 건설사들의 자금난이 심화되면서 전국에서 70여 곳의 아파트 공사가 지연되고 있었습니다. 당시에 대한주택보증은 아파트 공사가 당초 계획보다 15% 이상 지연되면 주의사업장, 20% 이상 지연되면 관리사업장으로 분류해 특별 관리했습니다. '주의사업장'과 '관리사업장'으로 블랙리스트에 오른 곳이 70여

곳에 이르게 된 것입니다. 미분양 사태가 장기화되면서 자금난으로 공사 진행에 어려움을 겪는 건설사들이 눈에 띄게 늘고 있는 상황에서 건설회사를 차리겠다고 하니, 주위 사람들의 눈에는 제가 불구덩이에 뛰어드는 것으로 보였던 모양입니다.

하지만 저는 생각이 달랐습니다. '위기 뒤에는 반드시 기회가 온다'고 생각했기 때문입니다. 건설사들의 경영 악화로 신규 분양 물량이 줄어들면 시장에는 공급량이 갈수록 줄어들 것입니다. 그렇게 되면 2~3년 후에 회복세로 돌아설 수 있다고 내다보았습니다. 그래서 저는 2008년 금융위기 당시에도 시장에서 가장 빨리 회복세를 보일 것으로 예상한 강남의 아파트들은 매도하지 않았습니다. 그리고 판교의 아파트들과 토지에 새로운 희망을 걸었습니다. 이 부동산들이 훗날 빛을 발할 것으로 기대했습니다. 마지막으로 당분간은 건설 경기가 좋지 않겠지만 몇 년 후를 대비해 건설회사를 창업해야겠다고 생각했습니다.

저는 건설회사를 창업했습니다. 2007년에 판교에 분양받은 택지에 상업용 건물을 건축하기 위해서였습니다. 사실 판교는 이미 부자들 사이에서 미래가치가 뛰어난 곳으로 통했습니다. 판교는 개발계획이 발표될 무렵부터 강남을 대체하는 신도시로 각광받았습니다. 그러다 보니 제가 판교 토지를 분양받을 때에도 경쟁이 치열했습니다. 2007년에 근린상업용지 한 필지를 분양받을 때 기준가 대비 200% 이상의 낙찰가율을 기록해 평당 3천만 원 이상에 낙찰받아야 했습니다. 또

2007년에 사들인 판교의 아파트 매매가는 평당 1,600만 원을 웃돌았습니다. 이처럼 땅값도 높고 아파트 매매가도 높으니 주위에서는 걱정들이 많았습니다.

하지만 다른 지역들과는 달리 판교 부동산은 2008년 금융위기 직후에도 크게 폭락하지 않았습니다. 비슷한 시기에 개발된 동탄과 운정, 한강 등 신도시가 미분양과 가격 하락으로 큰 어려움을 겪기도 했지만 판교는 보합세를 유지했습니다. 그러다 2013년 이후 전매제한 규제가 중대형 아파트는 1년, 중소형 아파트는 3년으로 완화되고, 2014년부터 박근혜 정부의 각종 규제완화 정책과 전세난이 맞물리면서 매매가가 크게 상승했습니다. 현재 판교 아파트 매매가는 평당 2,500만 원대로 강남 아파트와 가격이 비슷해질 정도로 상승했습니다. 또 제가 사들인 근린상업용지는 가격이 두 배 이상 올랐습니다.

왜 그런 걸까요? 판교는 주거 환경이 뛰어날 뿐만 아니라 판교 테크노밸리에는 네이버 등 수백여 기업들이 본사를 두고 있습니다. 그래서 판교는 아파트뿐만 아니라 단독주택도 인기를 얻고 있습니다. 판교동 · 운중동 · 백현동 일대의 단독주택 단지는 학군이 좋고 경부고속도로와 신분당선을 통해 서울로 출퇴근하기가 편리한 것은 물론, 생활인프라도 잘 구축되어 있습니다. 인근에는 등산을 즐길 수 있는 금토산이 있고, 운중천이 흐르는 등 쾌적한 자연환경도 갖추고 있습니다. 이처럼 주거환경이 좋으니 판교 단독주택은 새로운 부촌이 되었습니다. 대기업과 중견기업의 CEO, 연예인 등이 강남 아파트에서 판교의 단독주택으로 옮겨 오면서 고급 주거지로 주목받고 있는 것입니다.

오늘날 판교는 인기 지역이 되었는데, 저는 2007년에 분양받은 근린상업용지에 상가건물을 지었습니다. 이 용지에는 건폐율 60%, 용적율 400%가 적용되었는데, 지하 2층과 지상 7층 규모의 빌딩을 약 6개월간 건축했습니다. 그리고 상가건물을 건축하는 동안 10여 개의 상가들을 분양했습니다. 2009년 하반기에 상가건물이 준공되자 병원과 약국, 커피숍 등이 하나둘 입주해 성업을 이루기 시작했습니다. 약 3개월이 지나서는 모든 상가의 분양을 마칠 수 있었습니다.

결국 상가 분양으로 약 66억 원의 수익을 거둘 수 있었습니다. 토지 매수비용과 금융비용, 건축비용 등으로 약 36억 원이 들었으니, 실수익은 약 30억 원에 이르렀습니다. 작은 건설회사를 창업한 지 1년 만에 올린 수입치고는 괜찮은 편이었습니다. 이후 우리 회사는 사세를 크게 확장해 나가지는 않았지만 이렇게 실수익을 쏠쏠하게 올리는 식으로 오늘날까지 건재합니다.

투자는 꼬리에 꼬리를 물어야 한다

2009년에 상가 분양을 마친 뒤 저에게는 30억 원의 수익금이 들어왔습니다. 단 한 건의 투자로 로또 당첨금보다 많은 수익을 거둔 셈입니다.

로또 이야기가 나와서 말인데요. 당시에 로또는 큰 인기를 끌었습니다. 금융위기의 여파는 상당히 컸습니다. 극심한 불경기로 임대료도 못 벌어서 보증금을 까먹고, 은행 대출을 받는 것도 모자라 사채까지 쓰다 보니 빚이 눈덩이처럼 커져 장사를 그만두는 사람이 늘었습니다. 직장에서는 IMF 외환위기 때와 마찬가지로 또다시 구조조정과 명예퇴직의 한파가 불었으며, 복권을 구매하는 직장인이 크게 늘었습니다. '주식이든 부동산이든 지금 같은 불황에서는 투자를 시도하는 것이 불가능하다'고 생각하는 사람들은 한탕주의를 꿈꾸며 복권 또는 사행성 게임에 기대를 걸었습니다.

하지만 저는 이제까지 복권을 단 한 장도 사지 않았고 카지노 근처에도 가지 않았습니다. 저는 스스로의 판단이나 노력이 아닌 '운'에 의해 미래의 이익을 창출하려는 행위를 철저히 경계하고자 했습니다. 저는 '투자'란 철저한 준비와 생산적 활동으로 좋은 결과를 창출하는 것이라고 생각합니다. 그래서 요행을 바라는 일들을 시도하지는 않았습니다.

30억 원의 수익금을 손에 쥔 저는 급매로 나온 판교의 근린상업용지 한 필지를 시세보다 싸게 매수했습니다. 아파트와 마찬가지로 토지도 급매로 사야 싸게 살 수 있습니다. 2007년에 토지를 매수했던 사람이 2010년 상반기에 급하게 내놓은 매물을 저렴하게 매수했습니다.

그렇다면 저는 어떻게 급매로 나온 매물을 손에 넣을 수 있었을까요? 그 이유는 부동산 중개업자와 좋은 관계를 유지했기 때문입니다.

대부분의 초보 투자자들은 부동산 매물을 네이버와 다음 또는 부동산 114 등을 통해 확인하는데, 실제로 해당 매물에 대해 부동산 등에 문의해 보면 이미 매매되었거나 미끼용 매물인 경우가 많습니다. 게다가 네이버와 다음 등에 올라온 상당수의 매물 가격은 급매물을 제외하고 실제로는 보다 높습니다.

그렇다면 부동산 매물의 실제 가격은 어떻게 알 수 있을까요? 부동산 매물의 실제 가격은 부동산 중개업자끼리만 알 수 있습니다. 부동산 중개업자끼리만 사용하는 인트라넷 전산망이 따로 있기 때문입니다. 그래서 그분들과 친해지는 것이 좋은데, 제 수첩에는 그분들의 연락처가 기록되어 있습니다. 저는 명절 혹은 연말연시에 십여 명의 부동산 중개업자에게 선물을 보냅니다. 그러면 그분들은 제가 매물을 매수하거나 매도하고자 할 때 호의를 베풉니다.

부동산 중개업자들은 우리와 마찬가지로 따뜻한 피가 흐르는 인간입니다. 좋은 사람을 만나기 위해서는 내가 먼저 좋은 사람으로 다가가야 합니다. 여러분은 대부분의 부자들이 부동산 중개업소에 가서 '갑'의 태도를 보인다고 생각하실지도 모르겠지만 그렇지 않은 부자들이 많습니다. 제 경우도 그러한데, 저는 처음 만나는 부동산 중개업자에게 제가 가진 부동산 자산에 대해 자랑하지 않습니다. 그리고 이 매물은 어떻고 저 매물은 어떻고 하는 식으로 아는 체하지도 않습니다. 부동산 중개업자에게 있는 척을 하거나 아는 척을 하면 얄밉게 보여서 시세보다 높은 가격으로 매수해야 하는 일이 생길 수도 있습니다.

상대에게 겸손과 배려 등의 호의를 베풀면 자신에게 부메랑처럼 돌아옵니다. 현명한 투자자라면 부동산 중개업자와 '갑'과 '갑'의 관계를 유지해야 합니다. 그분들과 좋은 파트너 관계를 맺고자 한다면 상대도 호의를 베풀어줄 것입니다. 그리고 단 한 번의 부동산 중개로 끝나는 것이 아니라 지속적인 파트너십을 맺을 수 있습니다. 저는 제가 원하는 조건에 매매가 성사되면 부동산 중개업자에게 중개수수료를 좀 더 챙겨줍니다. 게다가 작은 선물도 해드립니다. 그리고 때마다 선물까지 보내드리면 좋은 매물이 생길 때마다 제게 연락해 옵니다. 꼬리에 꼬리를 무는 투자를 하기 위해서는 좋은 부동산 중개업자를 만나야 합니다.

그렇다고 해서 부동산 중개업자에게 전적으로 의지해서는 안 됩니다. 세상 모든 사람이 자기 뜻대로 움직일 수는 없는 법입니다. 때로는 나쁜 부동산 중개업자를 만날 수도 있으니 최소한 시세 파악 정도는 할 줄 알아야 합니다.

부동산 매물의 시세를 파악하기 위해서는 다음과 같이 해야 합니다. 부동산 매물은 실거래가와 가격변동의 흐름을 조사해야 정확한 시세를 알 수 있습니다. 아파트의 실거래가는 국토해양부에서 분기별로 공동주택 실거래가를 공표하고 있으므로 이를 참조하면 되고, 다세대주택 등은 등기부등본에 실거래가가 기재되고 있으므로 거래된 물건의 등기부등본을 열람하면 됩니다. 가격변동의 흐름을 조사하기 위해서는 과거 5~10년간 실거래가의 변동을 표나 그래프로 만들어야 합니다. 그리고 해당 매물과 같은 지역에 있는 비슷한 매물의 가격변동 흐름과 비교해야 합니다. 그러면 부동산 매물의 시세를 알 수 있습니다. 부동산 중개업자가 급매로 내놓은 부동산의 시세보다 얼마나 싼지 등을 알 수 있습니다.

그런데 주택과 달리 토지는 과거의 거래 빈도가 높지 않을 수도 있습니다. 이 경우에는 과거 5~10년간 실거래가의 변동을 알기가 어렵습니다. 그렇다고 해서 방법이 없는 것은 아닙니다. 과거 5~10년간의 공시지가의 변동률을 조사해 시세를 파악하면 됩니다.

자, 다시 본론으로 돌아가 봅시다. 좋은 부동산업자를 통해 급매로 매수한 판교의 근린상업용지에 2010년 하반기에 상가건물을 지었습니다.

그런데 이 상가건물은 분양하지 않았습니다. 상가 분양을 하는 대신에 세입자에게 보증금과 임대료를 받는 쪽을 선택한 것입니다. 물론 매달 고정적인 수익을 거두기 위해서이기도 하지만 제 소유로 된 이 상가건물(토지 포함)의 자산가치가 갈수록 상승할 것이라 전망했기 때문입니다. 만약 당시에 이 상가건물을 분양했다면 저는 약 70억 원의 수익을 거둘 수도 있었을 것입니다. 토지 매수비용과 건축비용 등으로 약 40억 원이 들었으니, 실수익은 약 30억 원에 이르렀을 것입니다.

하지만 상가 분양을 하지 않았습니다. 그 결과 2011년부터 2016년 현재까지 5년 동안 임대료로 약 20억 원을 거둬들였고, 현재 이 상가건물의 자산가치는 100억여 원에 이릅니다. 지금 이 순간에도 유명 연예인들과 부자들이 왜 빌딩 투자에 눈독을 들이는지 잘 아시겠지요?

"돈이 돈을 낳는다" 말은 틀린 말이 아닙니다. 저는 매달 들어오는 임대료는 물론 그간 사들인 아파트들의 전세가 인상분을 활용해 다른 지역의 토지를 매수하는 데 투자했습니다. 그 지역은 바로 세종시와 제주도입니다. 판교에 이어 세종시와 제주도로 투자지도를 옮기고 나서 과거에 비해 한 차원 높은 수익률을 거둘 수 있었습니다.

우선 세종시는 중앙정부가 이전하면서 약 2,200만 평의 농지와 임야 등이 도시로 둔갑하고 있었습니다. 행정중심복합도시로 개발되는 세종시에는 정부청사는 물론 백화점 등 종합쇼핑몰, 비즈니스센터, 세계에서 가장 긴 1.4km 길이의 상업문화거리, 국가상징광장, 국제호텔, 컨벤션센터, 아트센터, 박물관단지, 세종정부청사, 국립세종도서관, 대통령기록관, 50층 이상의 주상복합아파트, 금강과 원수산 등의 자연환경, 42만 평의 중앙공원 등이 들어설 예정입니다.

이러한 세종시를 개발하기 위해 정부는 평당 10만 원 이하의 토지를 수용하고 택지를 분양해 되팔았습니다. 당시에 정부가 분양한 나성동 중심가의 경우 평당 천만 원이 훌쩍 넘었습니다. 저는 향후 세종시의 최고 중심가가 될 곳으로 이 지역을 점찍었습니다. 그래서 2011년에 이 지역의 중심상업용지 한 필지를 낙찰받았습니다. 제가 이 토지를 낙찰받을 당시에는 28개 중심상업용지 택지 중 8개 필지만 낙찰될 정도로 인기가 없었는데, 덕분에 예상보다 싼 가격에 낙찰받을 수 있었습니다. 저는 향후 이 토지에 상가건물을 지어 세입자에게 임대할 계획인데, 그렇게 되면 판교의 상가건물 못지않은 수익률을 거둘 수 있을 듯합니다.

그리고 세종시에서는 중심상업용지뿐만 아니라 행정중심복합도시 인근에 위치한 금남면 용포리의 토지 3천 평을 24억 원에 매수했습니다. 제가 용포리에 주목한 것은 건설 노동자 등이 많이 거주하는 지역이기 때문입니다. 세종시에는 2030년까지 민관 투자로 107조 원의 자금이 투입됩니다. 2030년까지 건설 공사가 끊이지 않는다는 말입니다. 그래서 건설 노동자 등을 위한 원룸건물을 여러 채 지어 팔면 매매가 잘될 듯싶었습니다. 다행히 우리 회사에서 지은 원룸 건물들이 인기를 끌었습니다. 3천 평의 토지 중 1천 평의 토지에 원룸건물 7채를 지었는데, 이로 인해 약 30억 원의 순수익을 거두었습니다.

그런데 여러분들 중에는 왜 3천 평의 토지 중 1천 평에만 원룸건물을 지었느냐고 의아해할 분도 있을 겁니다. 제가 2천 평의 토지를 남겨둔 이유는, 이 토지에 더 큰 미래가치가 있다고 판단해서입니다. 현재 용포리 지역의 땅값은 세종시의 인기에 힘입어 크게 상승했습니다. 2차선 도로변의 상업 지역은 평당 1,300만 원을 호가하고, 빌라나 원룸 등이 들어선 주거 지역은 평당 500만 원 이상으로 땅값이 올랐습니다. 2011년에 평당 80만 원에 매수한 땅이 5년 만인 2016년에 평당 500만 원으로 올랐으니, 건물을 지어 내다팔지 않고 그대로 갖고 있던 것이 보다 나은 결과를 얻은 것입니다. 현재 제가 보유한 용포리 토지 2천 평의 가격은 100억 원에 이릅니다.

다시 본론으로 돌아가 봅시다. 용포리에 원룸건물을 지어 팔아서 30억 원의 순이익이 생기자 저는 제주 부동산으로 시선을 돌렸습니다. 제주 부동산에 대해 이야기하기 전에 우선 제 나름의 토지 투자 원칙부터 말씀드리겠습니다.

부를 늘리는 토지 투자의 9가지 원칙

토지 투자는 아파트 등 주택 투자에 비해 수익률이 높은 대신에 위험도 많이 따릅니다. 이러한 위험을 피하고 싶다면 보다 많이 신경 쓸 수밖에 없습니다. 토지 투자를 위해서는 토지의 현 상태와 미래가치를 함께 파악하고 신중하게 접근해야 합니다.

첫째, 등기부등본 등을 확인해야 합니다. 토지를 매입할 때는 등기부등본뿐만 아니라 토지이용계획확인원, 토지대장, 지적도 등을 확인해야 합니다. 이러한 문서들에는 토지의 현 상태에 대해 상세히 기록되어 있습니다.

등기부등본은 토지 소유자와 근저당 여부 등을 확인할 수 있는 문서입니다. 토지이용계획확인원은 토지이용규제정보서비스(http://luris.

molit.go.kr/)를 통해 확인할 수 있습니다. 토지이용계획확인원은 시장·군수 또는 구청장이 발행하는 토지의 이용에 관한 계획을 확인하는 서류인데, 지역·지구 등의 지정 내용과 행위제한 내용, 지정된 토지거래 계약에 관한 허가구역 등의 내용을 담고 있으니 토지를 매입하기 전에 반드시 확인해야 합니다. 지적도는 토지의 모양과 경계, 도로와의 접합 여부 등을 확인할 수 있는 문서입니다. 토지대장은 지목, 지번, 면적 등을 알아보기 위해 열람해야 합니다. 또한 토지 위에 건축물이 있는 경우에는 건축물대장을 통해 건축물 사용연도, 층수, 연면적, 위법 건축물 여부 등을 확인해야 합니다.

그리고 이러한 문서들에만 의존할 것이 아니라 해당 토지를 관할하는 시·군·구청을 방문해 매입한 토지의 지목을 변경할 수 있는지도 반드시 확인해야 합니다.

둘째, 임장은 반드시 해야 합니다. 예를 들어 토지 주위에 쓰레기매립장, 묘, 화장장, 컨테이너 박스 등의 시설이 있는지도 확인해야 합니다. 만약 매입하려는 토지 내에 묘가 있다면 이장비용 등이 발생할 수 있습니다. 자신이 매입한 토지에 건축물을 지으려는데 남의 집 묘가 떡하니 버티고 있다면 눈엣가시가 될 것입니다. 그렇다고 해서 그 묘를 함부로 훼손할 수는 없습니다. 묘는 분묘기준법상 20년 이상 해당 토지 내에 있다면 점유권이 인정되기 때문입니다. 또한 컨테이너 박스는 바닥에 바퀴가 있으면 점유권이 인정되지 않지만, 바퀴가 없으면 점유권이 인정됩니다.

매입하려는 토지에 건축물을 지을 경우에는 도로와의 접합 여부도 확인해야 합니다. 토지에 접해 있는 도로가 없다면 건축허가를 받을 수 없고, 진입로를 확보하기 위해 주변 토지를 추가로 매입하는 경우가 발생할 수 있습니다. 또한 토지의 경사도 및 방향 등도 확인해야 합니다.

덧붙이자면 일반적으로 토지는 사각형 모양이 좋습니다. 아무리 좋은 지역에 있는 토지라 하더라도 모양이 기형적이면 개발하는 데 불리하기 때문에 가치가 떨어지기 때문입니다. 예를 들어 똑같은 면적이더라도 사각형에 비해 삼각형 모양이면 개발 효율성이 떨어질 수밖에 없습니다.

그런데 여러분 중에서 혹시 삼각형 등 볼품없는 모양의 토지를 갖고 있는 분이 있을지도 모르겠습니다. 그렇다고 해서 투자에 실패했다고 낙담할 필요는 없습니다. 못생긴 토지는 옆의 토지와 합하면 쓸모 있는 토지가 될 수도 있습니다. 옆의 토지를 매수해 멋진 토지로 업그레이드할 수 있습니다. 이처럼 토지의 모양과 쓸모는 어떤 투자자를 만나느냐에 따라 달라집니다. 중고차를 말끔히 수리해 높은 가격에 되파는 딜러처럼, 현명한 투자자는 쓸모없고 못생긴 토지를 싸게 매수한 뒤 좋은 토지로 업그레이드합니다.

셋째, 미래가치가 없다면 투자하지 말아야 합니다. 초보 투자자들은 "토지 투자가 주택 투자에 비해 수익률이 높다"고 말하며, 토지 투자에 매력을 느끼곤 합니다. 그러나 미래가치를 내다볼 줄 모른다면 토지 투자로 높은 수익률을 올릴 수 없습니다. 일례로 일부 부동산업자들은 주위에 주택들이 붙어 있는 토지를 권유하는데, 해당 토지 옆에 주택들이 들어선 경우에는 지가가 이미 상승한 상태이므로 미래가치가 낮습니다.

또 타운하우스 등을 판매하는 기획부동산 등도 경계해야 합니다. 이들이 분할매매하는 주택의 토지는 공유지분인 경우가 종종 있습니다. 하지만 서로 남남 간에는 공유지분의 토지를 매수해서는 안 됩니다. 나중에 분쟁이 일어날 수도 있기 때문입니다.

토지 투자로 높은 수익을 거두고 싶다면 현재가치보다는 미래가치가 뛰어난 토지를 사야 합니다. 예를 들어 인구 등이 증가하는 도시 근교의 농지와 임야는 현재는 볼품없지만 갈수록 지가가 상승할 가능성이 높습니다. 이런 토지는 지목이 '대지'인 토지에 비해 저렴한 가격으로 매수할 수 있습니다. 저렴한 가격에 매입한 농지와 임야를 훗날 높은 가격에 팔 수도 있습니다. 토지는 모름지기 언젠가는 다양한 용도로 쓰일 수 있습니다. 땅의 쓰임새는 건축만 있는 것이 아닙니다. 땅의 쓰임새는 다양합니다. 현재 맹지라서 건축할 수 없는 토지에 고속도로가 놓일 수도 있고, 공원 등이 생길 수도 있습니다.

실제로 부자들은 싼 가격에 넓은 면적의 맹지나 축사 주변의 토지를 매입해 쏠쏠한 재미를 보기도 합니다. 일례로 제 지인 중 한 사람은 도시 근교의 축사 주변 토지를 싼 가격에 매입하곤 합니다. 도시 근교 지역은 대개 시간이 갈수록 지가가 상승하고, 이렇게 지가가 높아진 지역에서 가축을 키우는 것은 부가가치가 매우 낮습니다. 축사 주인들은 더 이상 가축을 키우지 않습니다. 굳이 가축을 키우지 않더라도 토지를 판 돈으로도 충분히 먹고살 수 있기 때문입니다.

넷째, 토지는 연말에 매수하는 것이 좋습니다. 사람들은 대개 연말이 되면 내년에 할 일을 계획합니다. 새로운 사업이나 투자를 계획하는 사람은 자금이 필요하게 마련입니다. 그래서 연말을 앞두고 간혹 토지를 싸게 내놓는 사람이 더러 있습니다. 또 농지와 임야 등의 토지는 초록이 우거진 계절보다는 겨울에 보면 볼품없습니다. 그래서 겨울에는 토지 매매가 뜸한 편인데, 이런 비수기에는 매도자보다 매수자가 우위에 서게 됩니다. 겨울에는 좀 더 싼 가격에 토지를 매수할 수도 있습니다.

다섯째, 토지는 절대로 대출받아 사서는 안 됩니다. 토지 투자의 가장 큰 장점은 주택 투자에 비해 높은 수익률을 올릴 수 있는 것입니다. 그래서 많은 사람이 토지 투자에 관심을 갖는데, 토지 투자는 자신의 분수에 맞게 해야 합니다. 미래가치가 뛰어난 토지가 매우 싼 가격에 매물로 나왔다 하더라도 대출을 받으면서까지 매수해서는 안 됩니다. 토지 투자를 위해 대출을 받았다가는 이자를 갚느라 종자돈까지 날릴 수 있습니다.

여섯째, 토지를 매수하고 나서 설치지 말아야 합니다. 토지는 되도록 비밀리에 매수하는 것이 좋습니다. 토지 하나가 팔리면 인근의 다른 토지 가격도 상승시킵니다. 그러니 여기저기 떠들고 다닌다면 그

부동산 수익률의 제왕

소식을 들은 인근 토지의 주인들이 시세보다 더 높은 가격에 매도하려 할 것입니다. 만약 여러분이 맹지를 매수하자마자 도로 확보를 위해 인근의 다른 토지를 매수하고자 한다면 비싼 가격에 매수할 수밖에 없습니다. 자승자박이 되는 셈이지요.

그리고 토지를 매수하자마자 목돈을 들여 형질변경, 용도변경, 지목변경 등을 할 필요가 없습니다. 그렇게 하면 토지의 용도 및 가치가 한정될 수밖에 없습니다. 만약 토지에 건축물을 짓고자 한다면 건축물을 짓기 수개월 전에 지목변경 등을 해도 늦지 않습니다.

일곱째, 토지를 매수한 지역의 사람들과 원만한 관계를 만들어야 합니다. 해당 토지 인근에 거주하는 사람들과 원만한 관계를 유지해야 합니다. 그들에게 좋은 평판을 얻게 된다면 나중에 토지를 추가로 매수하고자 할 때 덕을 볼 수도 있습니다. 마을사람과 좋은 정보를 주고받을 수도 있고, 토지 주인과 직거래할 수 있다면 보다 좋은 조건에 토지를 매수할 수 있기 때문입니다. 또 농지를 매수한 뒤에는 현지에 거주하는 임차인을 두어야 할 필요가 있는데, 마을의 이장님과 좋은 관계를 쌓으면 좋은 임차인을 소개받을 수도 있습니다.

여덟째, 토지를 팔 때는 살 때보다 열 배 더 고민해야 합니다. '토지의 지가가 이미 오를 대로 오르고, 더 이상 상승하기 어렵다'고 생각된다면 매도 심리가 강하게 일 것입니다. 바로 이때에 매도 심리를 억누를 수 있어야 합니다. 일례로 제가 아는 분 중에는 매도 심리를 억누르지 못해 크나큰 손실을 보았습니다. 제주시 성산읍에 천여 평의 토지를 사놓았던 그분은 부동산 개발업자가 "시세보다 훨씬 비싼 가격으로 토지를 매수하겠다"고 하자, 매도하고 말았습니다. 물론 그분은 앞으로도 제주 지역의 지가가 크게 상승할 것을 예상했지만 자신이 운영하는 사업이 경영악화에 시달리자 매도할 수밖에 없었습니다. 얼마 후, 그분이 매도한 토지의 가격은 "성산읍에 제주 2공항이 들어선다"는 발표가 나자마자 시세보다 4~5배 급등했습니다.

주택 투자와 달리 토지 투자는 오랜 시간을 기다릴 줄 알아야 합니다. 술과 마찬가지로 땅은 오래 익힐수록 좋습니다. 기다림에 지치다 못해 땅을 내다팔고 나서 해당 토지 주위에 개발호재가 생겨 지가가 급등하는 경우가 허다합니다. 그러니 오래 기다리는 사람이 더 큰 행운을 누릴 수 있습니다.

그럼에도 불구하고 마지못해 토지를 매도해야 하는 경우가 생길 수도 있습니다. 자녀를 출가시키며 집이라도 한 채 사주려 하거나 투병 등으로 현금이 필요할 때에는 토지를 매도할 수밖에 없습니다.

그런데 토지는 살 때도 그렇지만 팔 때도 잘 팔아야 합니다. 우선 자신의 토지를 매수하려는 사람이 나타나면, 그가 왜 매수하려는지 파악해야 합니다. 그가 자신의 토지를 간절히 매수하고자 한다면 최대한 높은 가격에 팔아야 합니다.

아홉째, 토지 투자는 뜬구름을 잡는 식으로 해서는 안 됩니다. 토지 투자는 정부의 개발계획만 믿고 섣불리 투자해서는 안 됩니다. 부정확한 소문만 믿고 매수했다가 낭패를 보기 일쑤이기 때문입니다. 정부의 계발계획만 믿고 투자하기보다는 해당 토지에 앞으로 어떤 발전 가능성이 있는지 스스로 판단할 수 있어야 합니다. 즉 땅 보는 눈을 기르고 난 뒤에 토지 투자에 뛰어들어야 합니다. 아는 만큼 수익이 보장되는 것이 토지 투자이기 때문입니다.

이밖에도 토지 투자를 할 때에는 유념해야 할 점들이 많은데, 그와 관련해서는 제3장에서 알아보기로 하겠습니다.

잘만 찾으면 유망 매물은 언제든 손에 넣을 수 있다

지금 이 순간에도 제가 보유한 세종시 나성동의 중심상업용지와 용포리 등의 토지는 우후죽순처럼 가격이 오르고 있습니다. 이처럼 가격이 계속 오르니 매물을 내놓는 사람을 찾아보기가 쉽지 않을 지경입니다. 그리고 이에 못지않게 가격이 오르는 지역이 있습니다. 바로 제주도입니다.

2011년, 용포리에 원룸건물을 지어 팔아서 30억 원의 순이익이 생기자 저는 제주 부동산으로 시선을 돌렸습니다. 저는 왜 제주 부동산에 관심을 가졌을까요?

부동산에 조금만 관심이 있는 분들이라면 "지금은 제주 부동산 가격이 많이 올랐지만 앞으로도 오를 것"이라고 생각할 것입니다. 지금 이 순간에도 제주 부동산을 매수하기 위해 전국 각지의 사람들이 몰려오고 있습니다. 최근 들어 제주 부동산 가격이 급등해 가격이 부담스러울 만도 할 텐데, 투자자들은 아랑곳하지 않고 있습니다.

그런데 제가 제주도에 관심을 가질 때만 해도 지금처럼 투기열풍이 일지는 않았습니다. 2008년 금융위기 당시에 제주 부동산 가격은 약간의 하락세로 돌아섰습니다. 그러다 2010년부터 정부의 부동산 투자이민 정책에 따른 개발 기대감으로 가격이 상승하기 시작했습니다.

저는 2010년 무렵부터 나타난 상승세가 일시적으로 그치지 않을 것으로 내다보았습니다. 지금은 더욱 그렇지만 2010년 무렵에도 제주는 방송에 자주 등장했고, 제주의 매력에 빠지는 사람들이 점점 늘었습니다. 제주는 각박하고 복잡한 도시생활에서 벗어나 귀농귀촌하려는 사람들에게 안성맞춤인 곳입니다. 도시의 삭막한 경쟁에서 지친 분들에게 제주는 편안한 안식처를 제공합니다.

이처럼 매력을 느껴서 제주로 삶의 터전을 옮기는 분들이 늘자 자연스레 제주의 부동산 가격은 최근에도 오르고 있습니다. 2015년 한 해 동안 제주에서 거래된 토지의 총면적은 106.7km^2로 2014년에 거래된 85.61km^2보다 32.4% 증가했습니다. 이처럼 거래량이 늘자 토지 가격이 오르고 있습니다. 2015년 서귀포시와 제주시의 땅값 상승률은 각각 7.97%와 7.32%로 전국 시·군·구 가운데 1위와 2위를 차지했습니다. 또 토지 가격이 오르니 주택 가격도 덩달아 오르고 있습니다. 2015년 전국 주택매매 가격 상승률은 3.51%인데, 제주도는 8.08%로 전국 최고였습니다. 제주도의 아파트 가격 상승률 역시 13.77%로 전국 1위입니다.

제주의 인기는 인구수만 봐도 알 수 있습니다. 2013년 60만 명을 넘긴 제주도 인구는 2년 만에 64만 명을 돌파했습니다. 순유입 인구는 2010년 43명에서 2011년 2,342명, 2012년 4,873명, 2013년 7,824명, 2014년 1만 1,111명, 2015년 1만 4,254명으로 지속적인 증가세를 보이고 있습니다. 이렇듯 외지인이 꾸준히 유입되는 만큼 제주 부동산시장이 들썩일 수밖에 없습니다. 이러한 상황에서 제주영어교육도시, 제2공항, 제주신항만 등의 대형 개발사업이 잇따라 예정되어 있으니, 제주 부동산 가격은 계속 오를 듯합니다.

저는 2011년에 한라산에 올라 서귀포시 대정읍 지역을 내려다보았습니다. 대정읍 보성리 일대는 서귀포 시내에서 멀리 떨어져 있지만 인근의 영어교육도시와 신화역사공원 등의 대형 개발호재와 어우러지면 미래가치가 뛰어날 것 같았습니다. 그래서 세종시 용포리에 원룸건물을 지어 팔아서 생긴 수익금 중 16억 원을 보성리 토지를 매수하는 데 투자했습니다. 당시에 8천여 평의 토지를 평당 20만 원에 매수했는데, 지금은 5배 이상 토지 가격이 올랐습니다.

그리고 2012년에는 성산읍 온평리의 토지 1만여 평을 매수했습니다. 당시에 성산읍 온평리는 대정읍 보성리에 비해 비인기 지역이었습니다. 그래서 평당 7만 원에 매수할 수 있었습니다. 그런데 2015년 상반기까지만 해도 이 지역의 땅값은 개발호재가 있는 대정읍 보성리에 비해 크게 오르지는 않았습니다. 보성리의 땅값은 평당 100만 원으로 올랐지만 온평리의 땅값은 평당 20만 원밖에 안 올랐습니다. 물론 온평리의 땅값은 3년 만에 평당 7만 원에서 20만 원으로 올랐으니 그리 나쁜 성적은 아니지만 보성리의 땅에 비해서는 초라한 성적이었습니다.

그럼에도 불구하고 저는 흔들리지 않았습니다. 온평리 땅을 내다팔지 않았습니다. 그러자 뜻밖의 행운이 찾아왔습니다. "성산읍 일대에 제2공항이 개발된다"는 발표가 나자마자 온평리의 땅값이 5배 이상 급등했습니다. 2016년 현재 온평리 땅값은 평당 100만 원으로 올랐습니다. 일상과이상 출판사에서 펴낸 『집 없어도 제주 부동산 사라』에 의하면, 지금 제주 부동산 가격은 "아침 가격이 다르고 저녁 가격이 다르다"고 할 정도로 오르고 있습니다. 이처럼 투기열풍이 일자 일각에서는 "제주 토지 가격은 이미 오를 대로 올라서 예전만큼 수요가 많지 않을 것"이라고 예측하기도 합니다.

물론 이들의 말이 마냥 그른 것은 아닙니다. 주식이든 부동산이든 상승세가 지속되는 경우는 드물고, 이들의 말대로 더 이상의 수요가 발생하지 않을 때에는 당연히 상승세가 꺾일 것입니다.

하지만 저는 좀 다르게 생각합니다. 제주 토지는 서울과 수도권에 사는 분들은 물론 우리나라 전역에 사는 분들의 관심을 끌고 있습니다. 이러한 수요에 비해 공급은 한정되어 있습니다. 지역 특성상 제주에는 개발 가능한 토지가 무궁무진하지는 않습니다. 제주의 전체 면적은 1,848km^2인데, 제주에서 개발 가능한 토지는 제주의 한가운데를 차지하고 있는 한라산 아래의 중산간 지역이나 해안 지역에만 한정되어 있어서 제주 전체 면적의 34%인 약 629㎢밖에 안 됩니다. 또 용적률(대지 면적에 대한 건물 연면적의 비율)과 건폐율(대지 면적에 대한 건물의 바닥 면적의 비율)을 감안할 때 그중에서 건축 가능한 토지는 제주 전체 면적의 3.2%도 채 안 됩니다. 또한 유네스코 세계자연유산인 제주 천혜의 자연환경을 보존해야 한다는 여론이 거세지면, 필연적으로 개발에 대한 규제가 강화될 수밖에 없으므로 건축 가능한 토지 면적은 더 줄어들 수밖에 없습니다.

따라서 제주 부동산에 대한 수요를 잠재울 만큼의 공급이 이뤄지기는 힘듭니다. 여러 정황을 고려할 때 앞으로 제주 토지 가격은 최소한 5년 후까지 다른 지역에 비해 많이 오를 것 같습니다. 만약 여러분 중에서 제주 토지에 투자하고 싶은 분이 있다면, 지금 투자해도 늦지 않을 것입니다. 앞으로 5년간 제주 지역의 토지 가격은 지금보다 최소한 2~3배 이상 오를 듯싶습니다. 그리고 저는 앞으로 10년 내에 제주 토지를 그 누구에게도 팔지 않을 것입니다.

잘만 찾으면 지금 이 순간에도 유망 매물을 손에 넣을 수 있을 것입니다. 일례로 저는 2014년에도 성산읍 온평리 일대의 토지 5천 평을 평당 15만 원에 추가 매수했습니다. 같은 지역의 땅을 불과 2년 전에 평당 7만 원에 샀는데, 평당 15만 원이나 주고 사야 한다니 속이 좀 쓰리기는 했습니다.

그러나 과거의 가격에 집착해서는 절대로 투자를 늘릴 수 없습니다. 저는 평당 15만 원을 주고 온평리 토지 5천 평을 매수했습니다. 그리고 이 땅 역시 제2공항 발표로 인해 지금은 평당 100만 원으로 올랐습니다.

또 제주 토지 가격이 오르는 만큼 제주 주택 가격도 오를 것으로 내다본 저는 2014년에 제주시 연동의 30평대 아파트 5채를 2억 9천만 원 내외의 가격으로 매수했는데, 2016년 3월 기준 5억 원 이상의 가격으로 매매되고 있습니다.

굳이 제주 지역이 아니더라도, 지금 이 순간에도 잘만 찾아보면 유망 매물을 발견할 수 있습니다. 그러니 남들이 흔히 하는 말, "이제는 부동산으로 성공하기 어렵다"는 말에 흔들려서는 안 됩니다.

부자가 되려면 부자들의 투자 유형을 살펴야 한다

이제까지 저는 부동산뿐만 아니라 금융과 미술품 경매 등에도 투자했지만 부동산은 그 무엇보다 안정적이면서 지속적인 수익률을 보장해 주는 투자처입니다. 굳이 저처럼 금융 등의 다른 투자에 뛰어들지 않더라도, 지금 당장 5천만 원가량을 부동산에 투자하고 꼬리에 꼬리를 무는 투자를 거듭하면 향후 10년 내에 상위 1%의 자산가가 될 수 있을 것입니다. 그와 관련된 내용은 제2장과 제3장에서 자세히 소개하겠습니다.

저는 2008년 금융위기 이후에도 부동산 투자를 멈추지 않았습니다. 제가 가진 자산 중 80% 이상을 부동산에 투자했습니다. 제주도와 세종시 등 미래가치가 뛰어난 지방 부동산에 투자했고, 금융위기의 여파로 가격이 급락한 서울 및 수도권, 지방의 아파트를 추가로 매수했습니다. 그렇게 해서 지금 저는 소위 말하는 자산 1,000억 이상의 상위 0.01%의 자산가가 될 수 있었습니다.

그런데 우리나라에는 저처럼 부동산에 투자하는 부자들이 많다고 합니다. KB금융지주 경영연구소가 발표한 「2014 한국 부자 보고서」에 따르면, 금융자산 10억 원 이상의 부자들 중 상당수가 부동산에 가장 많이 투자하고 있습니다.

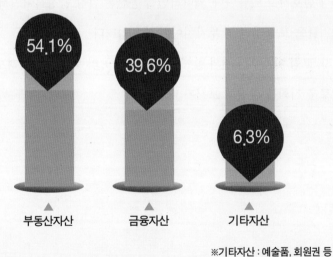

한국 부자들의 총자산 구성

54.1% 39.6% 6.3%

부동산자산   금융자산   기타자산

※기타자산 : 예술품, 회원권 등

한국 부자들은 부동산에 가장 많이 투자하고 있다.

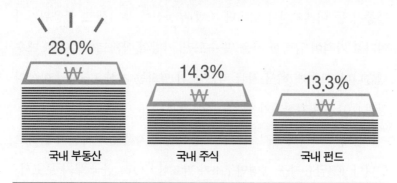

28.0%
₩
14.3%
₩
13.3%
₩
국내 부동산   국내 주식   국내 펀드

한국 부자들은 부동산 투자를 가장 선호하고 있다.

　우리나라에 비해 미국 등의 선진국에서는 금융에 투자하는 부자의 비율이 높지만 아직까지 우리나라 부자는 여러 투자처 중 부동산을 가장 선호하고 있습니다. 왜냐하면 부동산은 가장 안정적이면서 높은 수익률을 보장해 주는 투자처이기 때문입니다.

　자, 그럼 이제부터 저와 함께 우리나라 곳곳의 부동산을 살펴보면서 새로운 기회를 발견해 보시기 바랍니다.

2장

주택으로
대박수익률
올리기

서울
주택 투자 길라잡이

서울 주택 매매가, 2년 후 얼마나 오를까?

2008년 금융위기 이후 폭락했던 부동산시장이 얼마 전부터 되살아나고 있습니다. 국토교통부의 주택실거래가 조사에 따르면, 2011~2015년 4년 동안 전국 주택의 가구당 매매가는 29.3%, 전세가는 35.8% 올랐습니다.

2015년에는 전국적으로 주택 매매가가 상승세를 보였습니다. 서울 및 수도권은 높은 전세가로 인해 전세 수요가 매매 수요로 전환되며 매매가를 끌어올렸고, 지방은 전세가 상승률보다 매매가 상승률이 더 클 정도로 매매 수요가 많았습니다. 2015년 전국 주택거래량은 119만 4천여 건이었는데, 이는 전년 대비 18.8% 증가한 수치입니다. 그리고 서울 주택거래량은 22만 1천여 건이었는데, 전년 대비 무려 49.5%나 증가했습니다.

그렇다면 앞으로 서울 주택 매매가는 얼마나 오를까요? 2016년 현재에도 저금리가 유지되고 있으므로 집주인들의 월세 선호도가 높아지면서 반전세를 포함한 월세 비중이 갈수록 높아지고 있습니다. 서울시정보광장에 따르면, 2011년 서울시 임차 거래 15만 8,582건 중월세는 2만 7,032건으로 17%에 불과했는데, 2016년 1분기까지 거래된 전월세 4만 6,079건 중 월세 비중은 1만 7,440건으로 37.8%까지높아졌습니다. 이처럼 서울에서 전세 매물이 갈수록 줄어들기 때문에 서울 아파트 평균 전세가는 2014년 2월 3억 원을 돌파한 데 이어2016년 3월에 4억 244만 원을 기록했습니다.

서울 지역은 높은 전세가로 인해 전세 수요가 매매 수요로 전환되고 있는데, 서울 아파트 평균 전세가는 2015년 1분기 평당 1,049만원에서 4분기 1,205만 원으로 14.8% 올랐고, 매매가는 2015년 1분기평당 1,614만 원에서 4분기 1,723만 원으로 6.7% 상승했습니다. 그리고 아파트 전세가와 매매가가 오르자 상대적으로 가격이 싼 연립주택과 다세대주택, 단독주택과 다가구주택의 거래량까지 늘고 있습니다. 2015년 서울 연립주택 · 다세대주택의 매매 거래량은 21만 7,279건으로 2014년보다 33.5% 증가했습니다. 같은 기간 서울 단독주택 ·다가구주택의 매매 거래량은 16만 7,926건으로 25.8% 늘었습니다.

이러한 추세는 당분간 이어질 전망인데, 앞으로 2년간 서울 주택의평균 전세가는 지금보다 15%가량 오를 듯싶습니다. 그리고 그 여파로 평균 매매가가 현재보다 10% 오를 것 같습니다. 참고로 이 수치는 지난 2년간의 서울 주택 전세가와 매매가의 상승률 수치보다 낮게 잡은 것입니다. 그리고 서울 일부 지역에서는 제가 제시한 평균 전세가와 매매가 상승률보다 높게 상승할 것입니다. 이 책을 통해 여러분을 그 지역으로 안내하고자 합니다.

하지만 이러한 제 의견과는 달리, 지금 이 순간에도 앞으로 서울 아파트 등의 주택 가격이 오를지에 대해서는 의견이 분분합니다. 방송과 신문 등에서는 연일 "앞으로 부동산시장이 좋지 않으니 폭락할 것이다"는 의견과 "앞으로 부동산시장이 되살아날 것이니 지금 당장 투자해야 한다"는 의견이 팽팽히 맞서고 있습니다.

그런데 부동산시장을 바라보는 사람들의 성향은 크게 세 가지로 나눌 수 있습니다. 과거의 결과에만 주목하는 사람, 현재의 시장 상황에 주목해 투자하는 사람, 미래가치를 고려하는 사람으로 나눌 수 있지요. 그리고 저를 비롯한 대개의 부자들은 과거와 현재 그리고 미래까지 내다보며 투자합니다.

저는 일각의 우려와는 달리 앞으로 3~5년간 주택시장은 그리 어둡지 않다고 생각합니다. 우선 전국 신규 아파트의 청약경쟁률이 2015년에 전년 대비 큰 폭으로 상승한 점에 주목해야 합니다. 청약 1순위 자격 완화로 청약자가 몰리자 분양가 역시 상승했는데, 2008년 글로벌 금융위기 직후 하락했던 분양가가 2015년 전국 평균 평당 1천만 원을 돌파했고, 서울은 평당 2천만 원을 돌파했습니다. 과거에 미분양 아파트들이 속출한 데 비해 최근 들어 미분양 물량이 감소하고 있

신규 아파트 분양가 변화

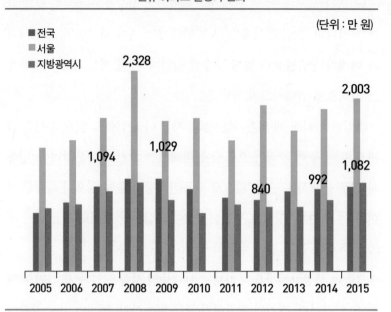

(단위 : 만 원)

- ■ 전국
- ■ 서울
- ■ 지방광역시

2,328
2,003
1,094
1,029
1,082
840
992

2005 2006 2007 2008 2009 2010 2011 2012 2013 2014 2015

신규 주택 미분양 물량 변화

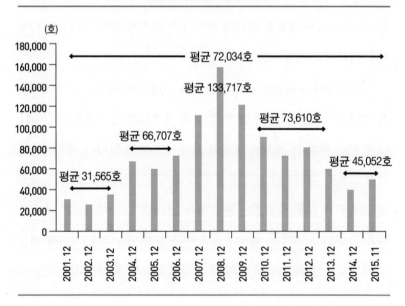

(호)

180,000
160,000
140,000
120,000
100,000
80,000
60,000
40,000
20,000
0

평균 72,034호

평균 133,717호

평균 73,610호

평균 66,707호

평균 31,565호

평균 45,052호

2001. 12 2002. 12 2003. 12 2004. 12 2005. 12 2006. 12 2007. 12 2008. 12 2009. 12 2010. 12 2011. 12 2012. 12 2013. 12 2014. 12 2015. 11

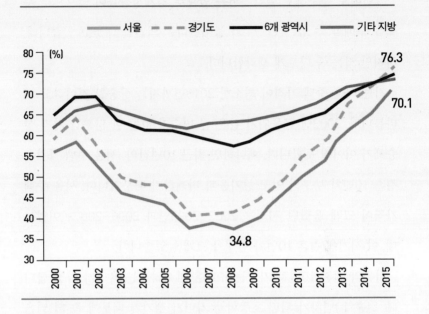

전세가율 변화

── 서울 - - - 경기도 ━━ 6개 광역시 ── 기타 지방

76.3

70.1

34.8

으니 희망적입니다.

최근 들어 미분양 물량이 줄어든 이유는 투기열풍이 불었던 과거에 비해 공급 물량이 줄어들었기 때문입니다. 물론 2015년에 분양 물량이 70만 세대로 크게 늘었지만 2016년 이후에는 분양 물량이 이보다 적은 50만여 세대로 크게 줄어들 것입니다. 따라서 일각에서 우려하는 공급 과잉 현상이 시장을 혼란에 빠뜨리지는 않을 것입니다.

또 몇 년 전부터 전세가 상승세가 나타나고 있기 때문에 주택 가격이 폭락하는 사태가 벌어지지는 않을 것입니다. 서울 지역의 경우 전세가율이 70% 이상이고, 일부 지역에서는 80~90%에 이르고 있으니, 전세 수요에서 매매 수요로 전환되는 사람들이 늘 것입니다.

그럼에도 불구하고 일각에서는 앞으로 경제성장률이 낮으므로 주택을 구매할 수 있는 인구수가 줄어든다는 의견을 내놓고 있습니다. 하지만 저는 좀 다르게 생각합니다.

저는 서울 주택 가격이 최소한 2018년까지는 상승할 것이라고 내다봅니다. 2008년 금융위기 같은 큰 변수가 없는 한 당분간 가격 상승세가 이어질 듯합니다. 왜냐하면 최근 10년간의 서울 주택 가격은 결혼 10년차 부부의 인구 증가율과 비례하기 때문입니다. 서울 주택 가격이 크게 올랐던 시기는 2002~2003년과 2006~2007년이었는데, 이 시기에 결혼 10년차 인구가 크게 늘었습니다.

서울의 결혼 10년차 가구는 주택을 매수하려는 욕구가 가장 큽니다. 결혼 10년차가 되면 초등학생 자녀가 생기기 때문에 좀 더 넓은 집으로 이사하거나 전·월세를 벗어나 내 집을 장만하려는 수요가 생

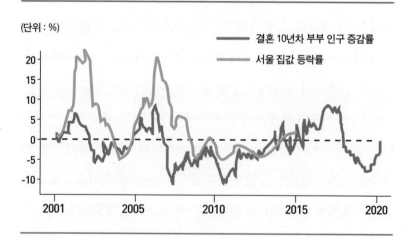

서울 주택 가격 변화

　　　　　　　　　　　　　부동산 수익률의 제왕

깁니다. 이들이 2015년에 31만 명을 넘어 지속적으로 증가하는 데다 금리도 낮기 때문에 과거에 비해 주택을 매수하기가 수월해졌습니다. 하지만 2018년 이후부터는 결혼 10년차 부부의 수가 전년 대비 줄어 드는데, 이 점을 감안한다면 2018년 하반기부터는 주택 구매 수요가 줄 수도 있을 듯합니다.

서울 인구가 줄더라도 주택 가격은 하락하지 않을 것이다

그럼에도 불구하고 어떤 사람들은 "앞으로 서울의 인구가 줄어들 것이니, 서울 주택 가격이 하락할 것"라고 예측합니다. 물론 최근 5년 동안 서울의 인구가 줄어든 것은 사실입니다. 서울 인구는 2010년 1,057만 5,447명으로 최고치를 기록한 후 2015년 1,029만 7,138명으로 5년 만에 27만 8,309명의 인구가 줄었습니다. 반면에 같은 기간 동안 서울 인근의 경기도 인구는 73만 7,373명이 늘었습니다.

이러한 추세를 놓고 혹자는 "서울의 전세난 때문에 서울 인구가 감소했다"고 생각합니다. 하지만 그렇지는 않은 것 같습니다. 전세가는 서울뿐만 아니라 경기도도 상승하고 있습니다. KB국민은행에 따르면 2010년 말부터 2015년 말까지 5년 동안 서울 아파트 전세가는 45.12% 올랐고, 경기도는 그보다 높은 48.58%가 올랐습니다. 같은 기간 동안 서울보다 경기도가 더 전세난에 시달렸던 것입니다. 따라서 전세가 상승률이 인구 감소에 큰 영향을 끼치지는 않는다고 볼 수 있습니다.

그리고 "서울시의 무분별한 재개발 때문에 인구가 줄어들고 있다"고 주장하는 사람도 있습니다. "재개발 사업이 진행되고 높은 분양가 때문에 삶의 터전을 잃은 원주민들이 서울을 떠나기 때문"이라고 주장하는 것입니다. 이러한 주장을 펼치는 이들은 경기불황이 장기화되는 상황에서 서울의 신규 주택뿐만 아니라 기존 주택의 가격이 오르니, 이를 감당하지 못하는 사람들이 서울을 떠난다고 생각합니다. 따라서 "앞으로 서울 주택에 대한 수요가 줄어들어 가격이 내릴 것"이라고 주장합니다.

하지만 지난 10년간의 서울 인구수는 크게 달라지지 않았습니다. 2005년의 서울시 인구는 1,029만 7,004명으로 2015년의 인구 1,029만 7,138명과 불과 134명밖에 차이가 나지 않습니다. 지난 10년간의 서울 인구가 크게 줄지 않은 것입니다.

지난 10년간 서울 인구가 크게 줄지 않은 이유는 재개발 기간 동안 떠났던 인구가 아파트 입주가 시작되자 다시 서울로 돌아왔기 때문입니다. 예를 들어 서울 지역에는 다른 자치구보다 인구가 많이 증가하는 자치구들이 있는데, 이들 자치구는 뉴타운 개발로 인구가 크게 늘었습니다. 길음뉴타운이 있는 성북구는 2003년부터 2012년까지 7.5%의 인구가 증가했고, 지난 10년간 재건축을 통해 새 아파트가 대량으로 공급된 송파구는 인구가 5만 7,457명이나 늘었으며, 서초구는 4만 4,383명이 늘었습니다. 따라서 "뉴타운 등의 재개발 사업으로 서울 인구가 줄어든다"는 주장도 맞지 않습니다.

결론을 말하자면, 10년 후 서울 인구는 약간 줄어들 수도 있겠지만 서울 주택의 매매가와 전세가는 하락하지 않을 것입니다. 서울은 대한민국의 수도이고 자본과 일자리가 가장 많이 몰려 있는 도시입니다. 서울에는 삼성 등의 대기업 본사뿐만 아니라 유명대학 등도 있습니다. 서울에서 밀려나는 사람의 빈자리는 새로운 사람에 의해 채워질 것입니다. 수도권 혹은 지방에 거주하는 사람도 기회가 생긴다면 서울 주택을 매수하고 싶어 합니다. 따라서 서울 주택의 매매가는 하락하지 않을 듯싶습니다.

단독주택보다 다세대주택, 다세대주택보다 아파트 투자가 유리하다

그렇다면 서울의 모든 주택은 황금알을 낳는 거위일까요? 그렇지는 않습니다. 서울 주택이라고 해서 무조건 유망하지는 않습니다. 지역에 따라 수익률이 달라지기 때문입니다. 그리고 일반적으로 단독주택과 빌라보다는 아파트에 투자하는 것이 유리합니다.

최근 들어 대도시에 위치한 단독주택에 대한 수요가 늘고 있지만 서울의 땅값은 강남은 물론 강북도 상상을 초월할 정도로 비쌉니다. 일례로 2016년 3월 기준 다음 부동산에 매물로 나온 서울시 서초구 방배동의 임야 약 200평의 가격은 69억 원이고, 서울시 성북구 삼선동의 임야 100평은 20억 원입니다. 이처럼 서울 토지 가격은 강남은 물론 강북도 평당 수천만 원을 호가하는데, 이렇게 지가가 높은 곳에 주택을 짓는 것은 웬만한 부자가 아니고서는 불가능합니다.

서울의 기존 주택 역시 가격이 비싼 것은 매한가지입니다. 예를 들어 서울시 강남구 논현동의 30평짜리 단독주택의 가격은 65억 원입니다. 노후된 주택이 많고 건물과 건물들이 다닥다닥 붙어 있는 곳에 위치한 서울시 동대문구 청량리동의 20평짜리 단독주택의 가격도 6억 원 이상입니다. 서울에서 그럭저럭 주거환경이 좋은 지역에 위치한 30평짜리 단독주택에 살려면 10억 원도 부족합니다.

이처럼 서울 단독주택의 가격은 높은데 아파트보다 전세가율이 낮습니다. 2015년 기준 서울과 경기도 아파트의 평균 전세가율이 70% 이상인 데 비해 수도권(서울 포함) 단독주택의 평균 전세가율은 49.9% 입니다. 이는 2012년의 40%에 비해 많이 오른 수치이지만 아직까지는 매매가와 전세가의 차이가 크기 때문에 단독주택에 투자하기 위해서는 아파트에 비해 많은 비용이 들 수밖에 없습니다.

그런데 수도권(서울 포함)의 연립주택과 다세대주택의 전세가율은 이보다 좀 높은 편입니다. 2012년 56.5%에서 2015년 65.3%로 올랐습니다. 하지만 수도권의 연립주택과 다세대주택은 아직까지 아파트에 비해 전세가율이 낮고 선호도 또한 낮습니다. 연립주택과 다세대주택은 아파트에 비해 가격이 싸기 때문에 소자본으로 투자하는 데 유리할 수 있지만 리스크가 클 수도 있습니다. 따라서 부동산 관련 사이트와 방송 등에서 전문가들이 추천하는 연립주택과 다세대주택 매물이 반드시 성공을 보장한다고 할 수는 없습니다. 물론 지역에 따라 아파트보다 연립주택이나 다세대주택에 투자하는 것이 유리한 경우도 있지만 일반적으로는 단독주택보다 다세대주택, 다세대주택보다 아파트에 투자하는 것이 유리합니다.

우선 아파트는 주거환경이 뛰어납니다. 건물들끼리 다닥다닥 붙은 단독주택 혹은 다세대주택보다 용적률(대지 면적에 대한 지상 건축물의 연면적 비율)이 다소 높더라도 건폐율(대지 면적에 대한 건물의 바닥 면적의 비율)이 낮은 고층아파트들이 오히려 더 많은 녹지공간과 편의시설 등을 제공합니다. 예를 들어 50평의 대지에 단독주택을 지을 경우 1종 주거지역이라면 건폐율을 60% 이하로 건축해야 합니다. 즉 50평의 대지 중 30평은 건물이 차지합니다. 반면에 아파트는 15~20%의 건폐율을 따르므로, 즉 1천 평의 대지 중 150~200평만 건물이 차지하고 800~850평은 녹지와 놀이터 등의 편의시설을 제공합니다. 이처럼 건폐율이 낮으니 건물과 건물 사이, 즉 동간 거리도 넓습니다.

한편 대단지 아파트는 단지 내에 공원, 학교 및 유치원, 가로수, 도로, 주차장 등이 있기 때문에 단독주택에 비해 생활편의성이 뛰어납니다. 관리사무소와 경비실 등이 있어서 주택을 관리하는 것도 수월합니다. 반면에 단독주택에 살면 생활쓰레기를 무단으로 버리거나 소음을 일으키는 사람들 때문에 고충을 겪을 수 있고, 주차 때문에 애를 먹는 일이 비일비재합니다. 따라서 아파트에 대한 선호도가 높을 수밖에 없습니다.

일반적으로 서울 지역에서는 단독주택보다 다세대주택, 다세대주택보다는 아파트 투자가 유리하기 때문에, 초보 투자자라면 아파트 투자가 적합할 듯싶습니다.

강남 재건축 아파트라고 해서 모두 유망한 것은 아니다

강남 3구는 서초구와 강남구, 송파구인데, 이제까지 우리는 강남 3구가 대한민국 주택시장을 견인한다고 생각해 왔습니다. 그래서 지금 이 순간에도 많은 투자자들이 강남 재건축 아파트에 투자해야 돈을 번다고 생각합니다. 이런 아파트에 투자하면 새 아파트에 입주할 수 있고, 그로 인해 쏠쏠한 재미를 볼 수 있다고 생각하기 때문입니다. 2015년에 서초구 반포동의 새 아파트들은 평당 4천만 원대에 분양되어 분양가 신기록을 세웠습니다.

하지만 강남 재건축 아파트라고 해서 모두 유망한 것은 아닙니다. 강남구와 송파구의 아파트들 중 상당수가 금융위기 직전인 2006~2007년에 최고점에 이른 이래로 아직까지 그 가격을 회복하지 못하고 있습니다. 왜 이러한 일이 벌어지는 것일까요?

서초구의 신규 아파트들은 교통과 교육, 상권, 자연환경 등이 좋은 곳에 위치할 뿐만 아니라 단지 내에 다양한 편의시설을 제공합니다. 게다가 넉넉한 주차공간을 확보한 래미안과 자이 등 고급 브랜드의 아파트들이 들어섰기 때문에 고분양가를 기록할 수 있었습니다. 이

들 새 아파트들은 서초구의 집값을 강남구 못지않게 끌어올리고 있습니다.

반면에 강남구와 송파구에는 30년 이상 노후된 아파트들이 많은데도 재건축이 활발히 추진되지 않고 있습니다. 서초구 못지않게 입지가 좋기는 하지만 그보다 높은 분양가로 분양해도 될 만큼의 상품성이 있는지 의구심이 들기 때문입니다.

저는 2004년에 서초구의 반포주공1단지 20평대 아파트 네 채를 매수했습니다. 당시에도 이 아파트는 지은 지 30년이 넘었는데, 향후 강남에 재건축이 불가피하다고 생각해 이 아파트를 매수한 것입니다. 강남의 부자들이 낡고 허름한 아파트에서 세월아 네월아 살 수는 없지 않겠습니까.

당시에 저는 이 아파트의 입지를 눈여겨보았습니다. 이 아파트에서는 지하철 3호선과 7호선은 물론 강남고속터미널을 이용할 수 있었습니다. 뿐만 아니라 인근에 신세계백화점과 강남성모병원, 국립중앙도서관 등이 위치했습니다.

현재 이 아파트의 입지는 더욱 좋아졌습니다. 지하철 9호선을 이용할 수 있을 뿐만 아니라 인근에 고급 빌라가 밀집된 서래마을이 들어섰습니다. 인근의 반포주공2단지는 래미안퍼스트지로 재건축되었고, 반포주공3단지는 반포자이로 재건축되었습니다. 또 반포한신1차 아파트를 재건축한 아크로리버파크의 2차 분양가는 평당 5천만 원을 돌파했습니다. 이처럼 인근 아파트들이 높은 가격을 형성하고 있습니다.

　반포주공1단지는 반포동에서 가장 큰 대단지입니다. 현재 이 아파트는 재건축을 추진 중인데, 사업시행인가를 앞두고 있습니다. 제가 보유한 20평대 아파트는 13억 원 전후로 매매가가 형성되어 있는데, 저는 이 아파트를 매도하지 않고 재건축 후 새 아파트를 보유할 것입니다. 왜냐하면 이 아파트는 용적률이 낮고 대지지분이 많아서 재건축하면 20평대를 보유한 사람에게 추가분담금 없이 30평대 아파트의 입주권을 줄 것이기 때문입니다. 인근의 반포 래미안퍼스티지의 30평대 가격이 15억 원인 점을 고려한다면, 반포주공1단지에 5년 후 새 아파트가 들어선다면 30평대의 가격은 래미안퍼스트지보다 20% 가량 가격이 높은 18억 원 정도에 매매될 것입니다.

　반포동에는 반포주공1단지뿐만 아니라 재건축 사업이 활발하게 추진되는 단지가 10여 개 있는데, 앞으로 5년 내에 새 아파트들이 들어설 것입니다. 반면에 압구정동과 대치동의 아파트들은 재건축 사업이 더디게 진행되고 있어서, 이미 이 지역에 투자한 사람들은 답답한 심정일 것입니다.

　그런데 재건축 아파트에 투자할 때는 다음과 같은 점을 고려해야 합니다.

　1. 사업 진행속도가 빠른 곳이 유리합니다. 재건축 사업 초기 단계의 아파트는 비교적 저렴하게 매수할 수는 있지만 이 경우 변수가 생

부동산 수익률의 제왕

길 수도 있습니다. 막상 매수한 아파트의 재건축 사업이 오래 걸리면 상당한 액수의 투자금이 발이 묶일 수 있습니다. 만약 은행대출을 받아 이런 아파트를 매수한다면 이자를 감당하느라 나중에 별로 남는 것이 없을지도 모릅니다. 그러므로 재건축 아파트에 투자할 때는 다소 수익률이 낮더라도 사업시행인가를 받은 단지가 안전합니다. 사업시행인가를 받은 아파트는 재건축이 확실하기 때문에 머잖아 좋은 결과를 얻을 수 있기 때문입니다.

2. 재건축 아파트는 관리처분인가를 전후로 취득세율이 달라집니다. 관리처분인가 전에 매수한다면 주택취득세율(1.1~3.5%)을 적용받지만 관리처분인가 후에 매수하면 토지취득세율이 적용되어 세율이 4.6%로 상승합니다. 따라서 관리처분인가 전에 매수하는 것이 유리합니다.

3. 대지지분이 많은 대단지 아파트가 유리합니다. 재건축 아파트는 대지지분에 따라 분양받는 평형대와 추가분담금이 결정됩니다. 용적률이 낮은 재건축 아파트는 일반분양을 하는 데도 유리합니다. 일반분양이 많으면 사업성이 커지므로 조합원들의 추가분담금이 줄어들고 이주비도 많이 받을 수 있습니다.

4. 인근 아파트들의 시세를 살펴야 미래가치를 알 수 있습니다. 재건축 이후 들어서는 새 아파트의 분양가는 인근 아파트의 가격에 따라 달라집니다. 인근에 최근 분양했거나 입주 5년 이내 아파트의 실거래가를 살펴보면 분양가가 적절한지, 미분양되지는 않을지 등을 알

수 있습니다.

5. 재건축 이후에 들어설 새 아파트의 입지를 꼼꼼히 살펴야 합니다. 모든 부동산은 입지에 따라 가치가 달라집니다. 이미 좋은 학군이나 생활편의시설 등이 형성되어 있는 오래된 아파트는 새 아파트가 들어서면 더 좋은 명품아파트로 발전할 수 있습니다. 또 천 세대 이상의 대단지 아파트가 새로 들어선다면 단지 내에 주차장, 도로, 교육 시설, 공원 등을 갖출 수 있습니다. 따라서 대단지 아파트가 들어서는 것이 유리합니다.

여러분 중에 강남 재건축 아파트에 투자하고 싶으신 분이 있다면 현재 사업시행인가를 앞두고 있는 반포주공1단지 아파트를 추천하고 싶습니다. 앞서 말씀드렸듯이 반포동 지역은 재건축 사업이 빠르게 진행될 것 같고, 반포주공1단지 20평대 아파트를 보유하면 추가분담금 없이 30평대의 새 아파트에 입주할 수 있을 것 같습니다. 이 아파트의 용적률은 110%이고, 22평의 경우 대지지분이 18평이나 되기 때문입니다. 2016년 3월 기준 반포주공1단지 20평대 아파트의 매매가는 13억 원이고 전세가는 3억 5천만 원인데, 전세를 끼고 9억 5천만 원을 투자하면 5년 후 18억 원 상당의 30평대 새 아파트를 손에 넣을 수 있습니다. 재건축 이후의 거래가(18억 원)에서 총투자금(9억 5천만 원)을 빼면 8억 5천만 원의 수익을 거둘 수 있습니다. 이 경우 5년 수익률은 약 89%이고, 1년 수익률은 약 17.8%입니다.

그런데 이 정도의 수익률로는 만족하지 못하신다면 강남구의 재건축 아파트에 투자하지 않는 것이 좋을 것입니다. 강남구의 재건축 아파트에 투자해 이보다 높은 수익률을 거두는 것은 불가능해 보이기 때문입니다.

강남구의 재건축 아파트에 관심을 갖는 많은 분들은 '압구정동과 대치동에 재건축 아파트가 들어서면 방배동의 새 아파트보다 더 비싼 아파트가 생길 것'이라고 생각합니다. 이런 분들이 눈독을 들이는 매물은 압구정동의 구현대아파트, 신현대아파트, 한양아파트, 대치동의 은마아파트 등인데, 이들 아파트들이 재건축되면 2020년 전후로 입주할 것입니다.

'원조강남'으로 통하는 압구정동은 대치동과 더불어 강남을 대표하는 명품 주거 지역입니다. 압구정동은 한강시민공원과 가까울 뿐 아니라 압구정동 신현대아파트는 강남을 대표하는 부자들이 거주하는 아파트입니다. 인근의 다른 아파트들과 달리 중대형 위주로 구성되어 있어 부자들이 선호합니다. 게다가 이 아파트는 2014년에 안전진단 결과 D등급 판정을 받아 재건축이 가능해졌고, 현재 기본 계획을 수립 중입니다.

압구정동 신현대아파트는 3호선 압구정역이 가까이 있고, 인근에 현대고등학교, 신사초등학교, 신사중학교 등 우수한 학교가 있습니다. 단지 바로 앞에는 현대백화점이 있고, 갤러리아백화점, 압구정로데오거리 등의 편의시설을 이용할 수도 있습니다. 이 지역에 새 아파트가 들어선다면 방배동 아파트보다 훨씬 높은 매매가를 형성할 것입니다.

제1장에서 말씀드렸듯이 저는 2002년에 압구정동 신현대아파트 30평대와 50평대를 매수했습니다. 2002년에 30평대 아파트를 5억 5천만 원, 50평대 아파트를 9억 5천만 원에 매수했는데, 이 아파트는 현재 최고점에 근접하고 있습니다. 강남구의 상당수 아파트가 예전의 최고점을 회복하지 못한 데 반해 이 아파트는 최고점 갱신을 눈앞에 두고 있습니다. 그만큼 이 아파트는 인기가 높습니다.

2016년 3월 기준 이 아파트의 30평대 가격은 15억 원, 50평대 가격은 26억 원에 이릅니다. 앞으로 이 아파트가 재건축되면 대치동의 아파트들과 더불어 대한민국 아파트 최고가 순위경쟁을 벌일 듯합니다. 왜냐하면 이 아파트는 원조강남 아파트이고, 서초구 아파트들에게 빼앗긴 왕좌를 곧 되찾을 것이기 때문입니다. 만약 이 아파트가 5년 후에 재건축된다면 현재 가격보다 최소한 20% 정도는 상승할 것 같습니다.

하지만 신현대아파트의 용적률(183%)과 35평의 대지지분(19평)을 고려하면, 이 아파트가 재건축되어 30평대를 분양받을 경우 3억 원 내외의 추가분담금이 예상됩니다. 그 점을 고려하면 신현대아파트의 수익률은 생각보다 높지 않을 것 같습니다. 2016년 3월 기준 신현대아파트 35평의 매매가는 15억 원이고 전세가는 6억 원입니다. 이 아파트를 전세 끼고 매수한다면 9억 원을 투자해야 하고, 나중에 추가분담금으로 3억 원을 부담한다면 실제로는 12억 원을 투자해야 합니다. 이 아파트가 5년 후에 재건축되어 현재 가격(15억 원)보다 20% 상승한다 치면 18억 원이 될 것입니다. 재건축 이후의 거래가(18억 원)에서 총투자금(12억 원)을 빼면 6억 원의 수익을 거둘 수 있으니, 12억 원 투자로 6억 원의 순이익을 얻을 수 있습니다. 이 경우 5년 수익률은 50%이고, 1년 수익률은 10%입니다. 물론 원조강남인 이 아파트가 재건축 이후 평당 6~7천만 원 이상에 거래된다면 보다 높은 수익률을 거둘 수도 있을 것입니다.

지금 강남 재건축 아파트 중 유망 매물을 선별해 투자한다면 10% 내외의 연수익률을 거둘 수 있습니다. 하지만 강남 재건축 아파트를 매수할 수 있는 사람이 과연 우리나라에 얼마나 있을까요? 이 책을 읽는 여러분 중 대부분은 강남 아파트 투자를 '그림의 떡' 정도로 여기실 것입니다. 저는 강남 재건축 아파트 투자는 높은 비용이 들기 때문에 소자본으로 높은 수익률을 올리려는 분들에게 적합하지 않다고 생각합니다. 잘만 찾아본다면 서울에는 보다 저렴한 비용으로 높은 수익률을 거둘 수 있는 매물들이 있습니다.

강남 재건축 아파트보다 수익률이 높은 재건축 아파트를 찾아서

재건축 아파트의 조합원 자격을 갖춘 사람은 통풍이 뛰어난 남향이나 조망이 좋은 고층 등 로열층 아파트를 선점할 수 있습니다. 그래서 많은 사람이 일반분양보다 조합원분양을 받으려고 합니다. 재건축은 강남뿐만 아니라 서울 곳곳에 유행처럼 번지고 있습니다. 지금 서울시 곳곳에는 몇 년 전처럼 또다시 재건축 바람이 불기 시작했습니다. 게다가 전세난까지 확산되어 아파트 가격이 더욱 상승하기 시작했습니다.

노원구 상계동을 예로 들어보겠습니다. 중랑천을 끼고 있는 상계동에는 지은 지 30년을 넘긴 주공아파트들이 많이 있습니다. 이런 아파트들 중에서 상계주공8단지(용적률 88%)가 가장 먼저 재건축될 것으로 보이는데, 2016년 3월 기준 상계주공8단지 13평은 2억 5천만 원에 거래되고 전세는 8천만 원에 거래되고 있습니다. 그런데 여러분 중에는 이 가격이 너무 비싼 것 아니냐고 하실 분들도 있지만 이 가격은 그리 높은 가격이 아닙니다. 2008년에 13평 아파트의 가격은 3억 원 이상까지 형성되었습니다. 이 아파트의 재건축 사업이 앞으로 사업시행인가, 관리처분인가, 이주 등의 단계를 거칠 때마다 가격이 오를 것이므로, 상계주공8단지 13평은 앞으로 3억 원 이상까지는 거뜬히 오를 듯싶습니다.

상계주공8단지가 재건축되면 전용면적 49~114㎡, 지상 30층, 13개 동, 천여 세대 규모의 새 아파트가 들어설 것입니다. 천여 세대 중 조합원분양은 820가구, 임대주택 155가구, 일반분양은 74가구가 들어설 예정입니다. 이 아파트의 일반분양 물량이 적은 것이 옥에 티인데, 아마도 이 아파트의 일반분양가는 평당 1,700만 원 내외일 것 같습니다. 상계주공8단지 13평(대지지분 15평)을 보유한 조합원이 30평대 새 아파트를 분양받으려면 추가분담금으로 2억 원 정도를 부담해야 할 듯싶습니다.

따라서 상계주공8단지 13평 아파트를 매수하기 위해서는 우선 1억 7천만 원(매매가 2억 5천만 원에서 전세가 8천만 원을 뺀 금액)의 초기비용이 들고, 향후 조합원분양을 받으려면 추가분담금 약 2억 원을 고려해야 합니다. 이 경우 총투자금은 3억 7천만 원입니다. 그리고 이 아파트의 일반분양이 평당 1,700만 원에 분양되고, 조합원 자격으로 33평 아파트를 분양받을 수 있다면, 5억 6,100만 원짜리 아파트를 보유할 수 있게 됩니다.

이 아파트가 분양 이후에도 가격이 오른다고 칩시다. 이 아파트의 입주시기를 지금부터 5년 후로 가정하고 입주가 시작된 후 분양가(5억 6,100만 원)보다 10% 상승한다 치면 6억 1,710만 원이 될 것입니다. 6억 1,710만 원에서 총투자금인 3억 7천만 원을 빼면 2억 4,710만 원의 수익을 거둘 수 있습니다. 3억 7천만 원 투자로 2억 4,710만 원의 수익을 올릴 수 있으니, 이 경우 5년 수익률은 약 67%이고, 1년 수익률은 약 13%입니다. 강남 재건축 아파트에 투자하는 것만큼의 수익률을 올릴 수 있는 것입니다.

이외에도 서울 재건축 아파트 중 눈여겨볼 것들은 다음과 같습니다. 마포구 성산동에는 성산시영아파트가 있는데, 1986년 6월에 입주한 이 아파트는 최고 14층, 총 33개 동, 3,710세대 규모의 대단지입니다.

이 아파트는 용적률이 약 150%이므로 재건축 사업이 본격적으로 시작될 경우 사업성이 높을 것입니다.

이 아파트는 입지도 좋은 편입니다. 한강공원과 월드컵공원이 5분 거리에 있어 쾌적한 환경을 누릴 수 있고, 6호선, 공항철도, 경의중앙선의 환승역인 디지털미디어시티역을 이용할 수 있으며, 서부간선도로와 강변북로 등의 도로도 이용할 수 있습니다. 또 마포구청과 월드컵경기장 등이 인근에 있고 롯데몰이 들어설 예정입니다. 이처럼 입지와 생활환경이 좋아 재건축이 진행된다면 강북 지역의 유망한 투자처로 떠오를 수 있습니다.

현재 성산동은 상계동보다 아파트 매매가가 높습니다. 새 아파트가 아닌 기존 아파트의 가격도 평당 1,600만 원에 형성되어 있습니다. 일례로 2005년에 입주한 인근의 e편한세상 2차 아파트 25평의 매매가는 4억 원입니다.

성산시영아파트가 조합원분양 3,700세대, 일반분양 1천 세대 규모로 재건축된다고 칩시다. 이 아파트의 일반분양가를 평당 2천만 원이라고 합시다. 제 예상으로는 성산시영아파트 20평(대지지분 약 13평)을 보유한 사람이 25평 새 아파트를 분양받으려면 추가분담금으로 1억 5천만 원 정도를 부담해야 할 듯싶습니다.

2016년 3월 기준 성산시영아파트 20평의 매매가는 3억 8천만 원이고 전세가는 2억 4천만 원입니다. 이 아파트를 매수하기 위해서는 우선 1억 4천만 원(매매가 3억 8천만 원에서 전세가 2억 4천만 원을 뺀 금액)

의 초기비용이 들고, 향후 25평 새 아파트의 조합원분양을 받으려면 추가분담금 약 1억 5천만 원을 고려해야 합니다. 이 경우 총투자금은 2억 9천만 원입니다. 그리고 이 아파트의 일반분양이 평당 2천만 원에 분양되고, 조합원 자격으로 25평 아파트를 분양받을 수 있다면, 5억 원짜리 아파트를 보유할 수 있게 됩니다.

이 아파트 역시 분양 이후에도 가격이 오른다고 칩시다. 이 아파트의 입주시기를 지금부터 5년 후로 가정하고, 입주가 시작된 후 분양가(5억 원)보다 10% 상승한다 치면 5억 5천만 원이 될 것입니다. 5억 5천만 원에서 총투자금인 2억 9천만 원을 빼면 2억 6천만 원의 시세차익을 노릴 수 있습니다. 2억 9천만 원 투자로 2억 6천만 원의 수익을 올릴 수 있으니, 이 경우 5년 수익률은 약 89%이고, 1년 수익률은 약 18%입니다. 앞에서 예로 든 상계주공8단지 아파트보다 수익률이 높을 수도 있습니다. 그래서 현재 저는 성산시영아파트에 투자를 고려하고 있습니다.

이밖에도 잘만 찾아보면 서울에는 수익률이 높은 재건축 아파트들이 있습니다. 강동구 상일동은 명일원터공원과 상일동산 등의 공원이 있고, 고덕천을 끼고 있습니다. 지하철 5호선 상일동역이 있고, 하남까지 연장되는 지하철 9호선이 상일동에 생길 수도 있습니다. 또 서울외곽순환고속도로 상일IC를 이용할 수 있습니다. 뿐만 아니라 이 지역은 한영외국어고등학교, 강동고등학교 등의 명문학교와 경희대병원, 강동아트센터, 삼성엔지니어링, 세스코 등이 자리 잡고 있습니다.

이처럼 입지 조건이 좋은 상일동에는 새 아파트들이 많지 않은데, 고덕주공5~7단지 아파트의 재건축 사업이 진행 중입니다. 이 아파트들에 투자하는 것도 유망할 듯싶습니다.

저는 여의도도 눈여겨보고 있습니다. 여의도에는 1970~1980년대에 지어진 공작아파트, 목화아파트 등 낡은 아파트들이 재건축을 기다리고 있습니다. 여의도가 대한민국의 정치와 금융, 방송의 중심지인 점을 감안한다면 이 아파트들의 파급력은 클 듯합니다.

그런데 재건축 아파트보다 유망한 투자처가 있습니다. 그것은 바로 전세가율이 높은 기존 아파트입니다.

재건축 아파트보다는 기존 아파트에 투자하라

사람들은 대개 낡은 것보다는 새것을 선호합니다. 기왕이면 새 차가 좋고, 집도 새 집이 좋기 때문입니다. 목돈을 들여 구입한 새 차는 사는 순간 중고차가 되어버리고, 연식이 오래될수록 가격이 하락합니다.

하지만 집은 미술품과 마찬가지로 시간이 흘러도 가격이 하락하지 않습니다. 물론 미분양으로 가격이 하락하는 아파트도 있지만 입지가 좋고 선호도가 높은 아파트는 시간이 흐르면 오히려 가격이 오릅니다. 왜 그런 걸까요? 집은 시간이 갈수록 가치가 떨어지는 소비재가 아닙니다. 좋은 입지의 집은 새 집이든 헌 집이든 시간이 갈수록 오히려 가치가 상승합니다. 그래서 새 아파트뿐만 아니라 기존 아파트에 대한 수요도 존재합니다.

2016년 1월, 부동산 전문 리서치업체 리얼투데이는 서울 및 수도권에 거주하는 천 명(만 30세~65세 이하 남녀)을 대상으로 설문조사를 했습니다. 그 결과 주택 매수 의사가 있는 662명 중 249명(38%)이 기존 아파트 매수를 선택했습니다. 반면에 새 아파트에 입주하기 위해 아파트 분양권을 선택하겠다는 사람은 11.18%(74명)에 그쳤습니다. 리얼투데이에 따르면 30대(32.9% · 82명), 40대(43.4% · 94명), 50대 이상 (37.2% · 73명) 등 전 연령층이 기존 아파트 매수를 가장 선호하는 것으로 나타났습니다.

참고로 이들이 선호하는 주택 유형은 기존 아파트가 51.51%(341명)로 가장 많았고, 단독주택 20.67%(137명), 아파트 분양권 11.18%(74명), 빌라 등 다세대주택 7.55%(50명), 오피스텔 4.83%(32명), 다가구주택 3.02%(20명)가 그 뒤를 이었습니다.

그런데 주택 매수를 희망하고 있는 30세 이상 성인의 절반 이상이 "2018년 이후에나 주택을 매수하겠다"고 답했습니다. 응답자의 절반 이상인 51.96%(344명)가 "2018년 이후에 주택을 매수하겠다"고 답했고, 15.11%(100명)가 2017년 하반기, 14.35%(95명)가 2017년 상반기, 12.39%(82명)가 2016년 하반기, 6.19%(41명)가 2016년 상반기에 주택을 매수하겠다고 답했습니다.

그렇다면 이들은 왜 2018년 이후에나 집을 사려는 것일까요? 주택 매수 희망자 중 상당수는 '2016년에는 집값이 보합세 또는 하락세를 나타낼 것이고, 2018년 이후에는 집값이 더 떨어질 것'으로 전망했습니다. 2016년에 집값이 보합할 것으로 내다본 사람은 40.6%(406명), 하락할 것으로 내다본 사람은 32.8%(328명)이고, 상승할 것으로 내다본 사람은 26.6%(266명)에 불과합니다.

그런데 말입니다. 전세 시장의 전망을 묻는 질문에 대해서는 대부분 상승을 예상했습니다. 응답자의 77.1%(771명)가 전세가가 오를 것으로 전망했고, 18.7%(187명)가 보합세를 보일 것으로, 4.2%(42명)가 전세가가 하락할 것이라고 전망했습니다.

저는 '2016년 상반기에는 서울 및 수도권 주택시장이 보합세를 보이다 2016년 하반기부터 상승할 것'으로 내다보고 있습니다. 앞으로 2년 후까지 많은 사람들이 '언제 집값이 떨어질까' 눈치 보는 사이에 전세가가 쑥쑥 오르고, 전세가만큼은 아니지만 매매가도 어느 정도 오를 것입니다. 앞에서도 말씀드렸지만 저는 앞으로 2년간 서울 주택의 평균 전세가는 지금보다 15%가량 오르고, 그 여파로 평균 매매가가 현재보다 10% 오를 것으로 전망합니다. 게다가 우리는 2017년 12월 대선을 앞두고 있는데, 역대 대선에서는 대선을 1~2년 앞두고 주택 가격이 상승했습니다. 현재 서울에는 재건축 연한을 넘긴 아파트들이 도처에 널려 있으므로, 대권 후보들이 재건축 추진을 선거공약으로 내세울 가능성이 높습니다.

현명한 투자자라면 남들과 똑같이 움직여서는 안 됩니다. 남들과 똑같이 움직인다면 이미 가격이 오를 대로 올라버린 부동산을 매수할 수밖에 없습니다. 서로 눈치들을 보느라 시장에서 보합세가 나타날 때가 투자의 적기입니다. 새 아파트보다 가격이 저렴하면서 투자가치까지 뛰어난 기존 아파트, 서울에는 높은 수익률을 보장해 주는 기존 아파트들이 제법 많이 있습니다. 이런 아파트를 찾기 위해서는 우선 전세가율이 높으면서 투자가치 또한 있는 아파트를 찾아야 합니다.

우선 마포구로 가봅시다. 홍대 상권 등이 형성되어 있는 마포구는 30~40대 젊은 층이 가장 선호하는 지역입니다. 하지만 홍대 상권 주위로는 아파트와 다세대주택 등이 별로 없습니다. 그래서 최근 합정동에는 마포한강푸르지오가 들어섰는데 이런 새 아파트의 매매가는 평당 2,500만 원이 넘습니다. 2016년 3월 기준 마포한강푸르지오 30평대의 매매가는 8억 원이고, 전세가는 6억 6천만 원입니다. 이처럼 새 아파트들의 가격이 높으니 기존 아파트의 가격 역시 최근 1, 2년 사이에 올랐습니다. 홍대 인근 연남동의 코오롱하늘채아파트는 2003년에 완공된 아파트인데, 2016년 3월 기준 이 아파트의 30평대 매매가는 6억 원이고 전세가는 5억 원입니다.

마포구에서 이보다 가격이 저렴한 기존 아파트단지를 찾으려면 2호선 지하철역에서 멀리 떨어진 성산동으로 가야 하는데, 중동초등학교와 성사중학교 인근에 위치한 월드컵IPARK 1차 아파트 역시 최근 1년 사이에 전세가와 매매가가 올랐습니다. 30평대의 전세가 2015년 3월 3억 6천만 원에서 2016년 3월 4억 2천만 원으로 6천만 원 올랐습니다. 그리고 전세가만큼은 아니지만 매매가는 2015년 3월 5억 원에서 2016년 3월 5억 2천만 원으로 2천만 원 올랐습니다.

이처럼 서울 마포구의 아파트들은 새 아파트든 기존 아파트든 전세가율이 높은 편입니다. 새 아파트인 마포한강푸르지오 30평대의 전세가율은 82%, 기존 아파트인 코오롱하늘채아파트 30평대 아파트의 전세가율은 83%, 월드컵IPARK 1차 아파트의 전세가율은 80%입니다.

그런데 전세가율이 높다고 해서 모두 투자가치가 있는 것은 아닙니다. 새 아파트인 마포한강푸르지오 30평대의 전세가율은 82%로 높은 편이지만 1년 사이에 전세가가 1천만 원, 매매가가 500만 원 오르는 데 그쳤습니다. 반면에 기존 아파트인 월드컵IPARK 1차 아파트는 전세가율이 80%로 마포한강푸르지오와 비슷하지만 1년 사이에 전세가는 6천만 원, 매매가는 2천만 원 올랐습니다.

그렇다면 어느 아파트에 투자하는 것이 좋을까요? 당연히 기존 아파트인 월드컵IPARK 1차 아파트이겠죠? 마포한강푸르지오 30평대의 매매가는 8억 원이고, 전세가는 6억 6천만 원입니다. 이 아파트를 매수하기 위해서는 1억 4천만 원을 투자해야 하는데, 1년 사이에 전세가와 매매가가 크게 오르지는 않았고 향후 수익률도 높지 않을 듯싶습니다. 반면에 월드컵IPARK 1차 아파트의 매매가는 5억 2천만 원이고, 전세가는 4억 2천만 원입니다. 이 아파트를 매수하기 위해서는 1억 원을 투자하면 되는데, 1년 사이에 전세가가 6천만 원 매매가가 2천만 원 올랐으니 마포한강푸르지오에 투자하는 것보다 좋은 결과가 예상됩니다. 이처럼 잘만 찾아보면, 기존 아파트에 투자해 보다 적은 비용으로 높은 수익률을 올릴 수도 있습니다.

물론 새 아파트인 마포한강푸르지오의 가격은 앞으로도 오를 수도 있습니다. 그 옆에 들어설 마포한강 2차 푸르지오가 성공적으로 분양을 마친다면, 마포한강푸르지오 역시 가격이 오를 수 있습니다.

하지만 보다 안전한 투자를 위해서는 기존 아파트에 투자하는 것이 좋을 듯싶습니다. 왜냐하면 기존 아파트는 과거의 시세를 확인할 수 있을 뿐만 아니라 새 아파트에 비해 저렴한 가격의 아파트를 선호하는 수요층이 상당수 존재하기 때문입니다. 따라서 입지와 인근 아파트의 시세 등을 고려해 투자가치가 있다고 판단된다면, 기존 아파트에 투자해 보시기 바랍니다.

중대형에 투자해야 할까? 중소형에 투자해야 할까?

그런데 말입니다. 초보 투자자라면 중대형(전용면적 85㎡ 초과)보다는 중소형(전용면적 85㎡ 이하) 아파트에 투자하는 것이 안전할 듯싶습니다. 물론 최근 1~2년 사이에 이미 몇몇 중소형 아파트의 가격이 최고점을 넘어서기는 했지만 초기 투자비용이 적게 들고, 여러 가지 정황상 앞으로도 가격이 좀 더 오를 수 있기 때문입니다. 과거에는 투자 목적으로 중대형 아파트에 투자하는 사람이 많았는데, 이제는 중대형보다는 중소형이 인기가 있으므로 중소형 아파트에 투자하는 것이 안전해 보입니다.

일례로 월드컵IPARK 1차 아파트의 20평대 전세가는 2015년 3월 2억 9천만 원에서 2016년 3월 3억 4천만 원으로 5천만 원 올랐고, 매매가는 2015년 3월 3억 9천만 원에서 2016년 3월 4억 1천만 원으로 2천만 원으로 올랐습니다. 반면에 30평대의 전세가는 2015년 3월 3억 6천만 원에서 2016년 3월 4억 2천만 원으로 6천만 원 올랐고, 매매가는 2015년 3월 5억 원에서 2016년 3월 5억 2천만 원으로 2천만 원 올랐습니다. 2016년 3월 기준 이 아파트 20평대의 전세가율은 83%로 높은 편이고, 투자비용 대비 매매가 상승률 또한 30평대보다 높습니다. 30평대 아파트의 투자비용(1억 원)보다 적은 7천만 원(매매가 4억 1천만 원-전세가 3억 4천만 원)으로 투자할 수도 있으니, 초보 투자자에게 유리합니다.

이 아파트 외에도 서울 지역에서 제가 추천해 드리는 기존 아파트는 다음과 같습니다.

마포구 공덕동은 마포구에서 가장 많은 사람들이 일하는 지역이고, 가장 많은 사람들이 모여 사는 곳입니다. 2016년 3월 기준 공덕삼성 아파트(1999년 입주) 30평대의 전세가는 5억 원이고, 매매가는 6억 1천만 원입니다. 현재 이 아파트 인근의 공덕래미안 5차 아파트(2011년 입주) 30평대의 전세가 5억 8천만 원이고 매매가가 7억 3천만 원인 것을 고려한다면, 앞으로 이 지역에 신규 아파트 공급이 많지 않다는 점도 고려한다면, 이 아파트의 전세가와 매매가는 앞으로도 상승할 전망입니다. 참고로 이 아파트는 제가 처음 투자했던 아파트이고 지금도 이 녀석을 보유하고 있습니다. 여러분에게 1억 1천만 원의 여유자금이 있으시다면 이 아파트의 30평대에 투자할 것을 권합니다.

또 이보다 자금이 부족하시다면 이 아파트의 20평대에 투자하십시오. 2016년 3월 기준 이 아파트의 20평대 전세가는 3억 8천만 원이고 매매가는 4억 5천만 원이니, 7천만 원으로 투자하실 수 있습니다. 이 아파트의 2015년 3월 기준 전세가는 3억 1,500만 원이고 매매가는 4억 1,500만 원이었는데, 지금도 계속 전세가와 매매가가 오르고 있습니다.

노원구 중계동은 서울 강북 지역에서 가장 우수한 교육환경을 갖춘 지역입니다. 이 지역에는 학원가가 발달해 있는데, 건영3차 아파트 (1995년 입주)는 학원가와 근린공원 등을 끼고 있는 인기 단지입니다. 948세대의 대단지인 이 아파트는 모두 30평대로만 이루어져 있습니다. 1년 전인 2015년 3월에 전세가가 3억 9천만 원이고 매매가가 5억 2천만 원이었는데, 1년 사이에 전세가가 4억 8천만 원으로 오르고 매매가가 5억 7천만 원으로 올랐습니다. 이 아파트의 30평대 전세가는 4억 8천만 원이고 매매가는 5억 7천만 원이니, 9천만 원으로 투자하실 수 있습니다. 이 아파트 역시 공덕삼성아파트처럼 전세가와 매매가가 계속 오를 듯싶습니다.

성북구 길음동은 과거에 미아리 텍사스로 유명한 곳인데, 지금은 뉴타운사업으로 래미안 등의 브랜드 아파트들이 들어서고 있습니다. 길음동에는 앞으로도 새 아파트들이 들어설 것인데, 서울 지역에서 분양가가 낮은 편이므로 미분양이 우려되지는 않습니다.

길음동에서는 4호선 길음역과 가깝고 여러 생활편의시설이 몰려 있는 길음래미안 1차 아파트(2003년 입주)를 추천합니다. 길음동 지역은 서울에서 전세가율이 가장 높습니다. 그래서 이 아파트의 가격은 최근 1년 사이에 크게 올랐습니다. 1년 전인 2015년 3월에 30평대의 전세가가 3억 4천만 원이고 매매가가 4억 5천만 원이었는데, 1년 사이에 전세가가 4억 3천만 원으로 오르고 매매가가 4억 9천만 원으로 올랐습니다. 이 아파트의 30평대 전세가는 4억 3천만 원이고 매매가는 4억 9천만 원이니, 6천만 원으로 투자하실 수 있습니다.

또 20평대의 전세가는 3억 5천만 원이고 매매가는 4억 원이니, 5천만 원으로 투자하실 수 있습니다. 이 지역은 30~40대 젊은 층이 많으니, 앞으로도 전세가와 매매가가 계속 오를 듯싶습니다. 참고로 저는 이 아파트의 가격이 잠시 하락했던 2011년에 20평대를 3억 원에 매수했는데, 이때는 전세가가 1억 7천만 원이었습니다. 그때는 1억 3천만 원(매매가 3억 원-전세가 1억 7천만 원)으로 투자했는데 지금은 5천만 원(매매가 4억 원-전세가 3억 5천만 원)으로도 투자할 수 있으니, 지금이 오히려 투자하기 좋은 시점입니다. 게다가 앞으로 이 아파트의 가격은 서울 평균 아파트 전세가와 매매가 상승률보다 더 많이 오를 듯싶습니다.

이밖에도 잘만 찾아보면 서울에는 3천만 원으로도 투자할 수 있는 중소형 아파트들이 있습니다. 길음동을 예로 들면 길음현대아파트 (1997년 입주) 13평형은 2016년 3월 기준 전세가는 2억 1천만 원이고, 매매가는 2억 4천만 원입니다. 이 아파트는 3천만 원으로도 투자할 수 있습니다. 참고로 이 아파트는 1년 전인 2015년 3월에 전세가는 1억 5천만 원이었고, 매매가는 2억 원이었습니다. 만약 1년 전에 이 아파트에 투자했다면 5천만 원 투자로 4천만 원의 수익을 거두었을 것입니다. 이 경우 연수익률은 80%입니다. 소자본으로 투자하려는 분들을 위해 이 아파트를 추천하고 싶습니다.

그리고 마지막으로 한 가지만 더 말씀드리고 싶습니다. 이 방법은 보다 많은 투자비용이 들고 위험이 따를 수도 있기 때문에 초보 투자자보다는 고급 투자자에게 적합할 듯한데요. 보다 높은 수익률을 올리기 위해서는 중대형 아파트에 투자하는 것이 바람직하지 않을까 싶습니다. 최근 아파트 가격은 중소형이 상승을 주도하고 있는데, 중소형 아파트의 가격이 오를 대로 올라 중대형 아파트와 가격 차이가 크지 않는 지역이 하나둘 속출하고 있습니다. 이처럼 중소형과 중대형의 가격 차이가 별로 안 나는 지역에서는 머잖아 중대형의 가격도 오를 듯싶습니다. 비슷한 가격이라면 좁은 아파트보다 넓은 아파트에서 살고 싶은 것이 당연지사 않겠습니까? 앞으로 중소형의 가격이 상승하는 것과 비례해 중대형의 가격도 오를 듯싶은데, 보다 긴 안목으로 투자하고자 하는 분들은 40평대 이내까지(그 이상의 평수는 좀 위험해 보이기 때문입니다)의 중대형 아파트를 선점하시기 바랍니다.

상가 및 빌딩 투자, 어느 지역이 유망할까?

우리나라에서 서울은 가장 많은 상가와 빌딩이 밀집되어 있는 도시입니다. 대부분의 사람들은 누구나 살면서 부자가 되기를 희망하는데, 이제 막 사회생활을 시작한 월급쟁이든 이미 큰돈을 번 부자이든 누구나 돈 걱정 없는 삶을 원합니다. 그리고 최근에는 매월 꼬박꼬박 임대료를 받을 수 있는 상가나 빌딩을 소유해, 돈 걱정 없이 살려는 사람들이 늘고 있습니다.

하지만 서울의 상가와 빌딩은 제아무리 상권이 나쁜 곳에 위치하고 작은 규모라도 최소한 10억 원은 있어야 손에 넣을 수 있습니다. 이렇게 큰돈을 들여야 손에 넣을 수 있는 부동산의 주인은 금수저를 물고 태어난 사람들만 될 수 있는 것일까요? 그렇지는 않습니다. 앞에서 소개한 아파트 투자로 2년 후 여윳돈을 만들고, 2년마다 한 번씩 재투자에 성공한다면 10년 내에 상가 혹은 빌딩을 손에 넣을 수도 있습니다.

그런데 빌딩 투자를 하기 위해서는 다음과 같은 준비를 해야 합니다.

1. 아파트와 부동산에 투자할 때보다 더 많이 공부해야 합니다. 상가나 빌딩에 투자하기 위해서는 상권 분석을 꾸준히 해야 합니다. 예를 들어 대한민국 최고 상권으로 통하는 강남역 역세권에 저렴한 가격으로 나온 빌딩이 있다고 해서 함부로 투자해서는 안 됩니다. 이 빌딩이 왜 급매로 나왔는지를 검토하고, 향후 임대료와 수익률 등을 따

저야 합니다. 그런 다음에 투자해도 되겠다는 확신이 들면 매수하는
것이 좋은데, 상가 및 빌딩은 아파트처럼 임대계약서를 쓰는 것에 그
치지 않고 지속적으로 수익성을 높이기 위해 관리해야 합니다.

2. 빌딩은 정성을 들이는 만큼 새롭게 태어납니다. 남들이 보기에
낡고 오래된 빌딩은 인근의 신축 빌딩보다 싼 가격에 매수할 수 있습
니다. 이런 빌딩을 신축 또는 증축, 리모델링 등을 하면 임대료를 올릴
수 있고, 빌딩의 자산가치 또한 높일 수 있습니다.

3. 상가 및 빌딩에 투자하기 위해서는 다양한 전문 지식을 쌓아야
합니다. 아파트와 달리 신경 써야 할 것들이 많으므로, 세무 · 법률 ·
금융 · 건축 등 여러 분야의 전문가들에게 정보를 제공받아야 합니다.
하지만 이들의 말에 전적으로 의지해서는 안 됩니다.

그렇다면 서울에서 가장 뜨거운 상권은 어디일까요? 강남역 상권
은 하루 평균 100만 명의 유동인구를 자랑하는 상권입니다. 강남역은
지하철 2호선과 신분당선의 환승역인 동시에 신분당선의 기점인 곳
이며, 강남역 상권은 1980년대부터 상업시설과 업무시설들이 급격히
증가했고, 강남역 인근에는 분당, 부천, 수원, 일산 등 수도권으로 연
계되는 광역버스들의 정류장도 있습니다.

이처럼 상권이 발달한 만큼 강남의 땅값은 매우 비쌉니다. 강남역
사거리에서 교보타워 사거리까지 이어지는 강남대로변의 지가는 평
당 4억 원 이상이고, 이면도로변의 지가는 평당 1억~2억 원에 이르고

있습니다. 강남 상권은 이처럼 지가가 상당히 높은데도 불구하고 매도보다 매수가 우위를 보이고 있습니다.

그런데 강남역 상권은 임대료 상승률 순위에서 1위를 달리고 있지는 않습니다. 종각역 젊음의 거리와 신사동 가로수길, 압구정동 로데오거리 및 청담명품거리 상권은 최근 3년간 가장 높은 임대료 상승률 순위를 기록하고 있습니다.

종각역 젊음의 거리는 주요 건설사를 비롯한 대기업들이 여의도와 강남에서 이전해 오면서 유동인구가 크게 늘어나 임대료가 급등했습니다. 종각역 젊음의 거리는 m^2당 임대료가 2013년 1분기 3만 7,600원에서 2015년 3분기 7만 400원으로 상승했습니다. 3년이 채 안 되는 기간에 2배 가까이 상승한 것입니다.

신사동 가로수길, 압구정동 로데오거리 및 청담명품거리에는 중국 관광객이 대거 유입되면서 임대료가 크게 올랐습니다. 압구정동 로데오거리 및 청담명품거리의 m^2당 임대료는 2015년 3분기 기준 5만 2,900원이고, 신사동 가로수길은 5만 700원입니다.

이보다는 못하지만 이태원, 홍대, 건대입구역 상권은 꾸준한 상승세를 이어가고 있습니다. 이태원 상권의 1m^2당 임대료는 4만 8,600원이고, 홍대는 3만 7,500원, 건대입구역은 3만 100원입니다.

삼성역 상권은 지난 3년간 1m^2당 임대료가 3만 6,000원을 유지하고 있습니다. 한전부지에 현대자동차 글로벌비즈니스센터가 완공된다면 임대료가 오를 수 있겠지만, 완공되는 데 상당기간이 소요될 것

부동산 수익률의 제왕

으로 예상되면서 거래가 부진하기 때문입니다. 공덕역 상권은 삼성역 상권과 마찬가지로 임대료가 보합세를 유지하고 있습니다. 공덕역 상권의 1㎡당 임대료는 2만 9,000원~3만 1,000원입니다.

그런데 갈수록 임대료가 낮아지는 상권도 있습니다. 종로3가와 이화여대 상권의 임대료는 2013년부터 2015년 3분기까지 각각 52%와 47%가 하락해 2만 6,900원과 2만 8,600원까지 떨어졌습니다. 이들 상권은 유동인구가 줄면서 임대료가 낮아졌습니다. 종로3가 상권에는 귀금속 점포들이 밀집해 있는데, 정부가 개별소비세를 인하했는데도 유동인구가 늘지 않고 있습니다. 이화여대 상권 역시 옷가게와 미용실 등이 잇달아 폐업해 임대 수요가 줄고 있습니다.

이들 두 상권보다 사정이 좀 낫기는 하지만 종로5가와 신천역, 영등포역 등의 상권도 하락세를 나타내고 있습니다. 종로5가 상권의 1㎡당 임대료는 2013년 2분기 5만 5,700원에서 2015년 3분기 3만 2,000원으로 하락했고, 신천역 상권은 3만 2,700원, 영등포역 상권은

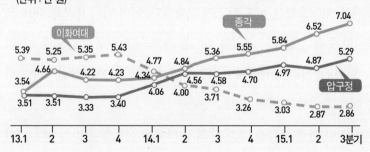

서울 주요 상권의 ㎡당 평균 임대료 변화

2만 2,500원까지 하락했습니다.

그렇다면 서울에서는 종각역 젊음의 거리와 신사동 가로수길, 압구정동 로데오거리 및 청담명품거리 상권에만 투자해야 할까요? 물론 이들 상권은 가장 뜨거우므로 높은 임대료를 보장해 줄 것입니다. 이들 상권에 위치한 상가나 빌딩 등을 매수하면 시간이 갈수록 자산가치 역시 상승할 것입니다. 이들 상권에 투자한다면 절대로 손해 보지는 않을 것입니다.

하지만 그런 만큼 상가와 빌딩의 가격이 높을 수밖에 없습니다. 그래서 저는 이들 상권보다 뜨겁지는 않지만 새롭게 떠오르고 있는 상권에 투자할 것을 권하고 싶습니다.

신사동 세로수길은 가로수길에서 파생된 상권입니다. 세로수길 상권은 최근 3년간 1㎡당 임대료가 30%, 보증금과 권리금은 70% 상승했습니다. 연남동 경의선숲길은 2015년에 경의선 폐철로 주변으로 숲길이 조성되면서 새로 생긴 길입니다. 이 숲길이 조성되면서 6개월 만에 임대료는 30%, 보증금과 권리금은 70% 이상 올랐습니다. 이밖에도 서울에는 성수동 갈비골목, 방배동 사이길, 서래마을 카페거리 등 새롭게 떠오르는 신흥 상권이 있습니다. 이미 가격이 오를 대로 올라버린 종각역 젊음의 거리와 신사동 가로수길, 압구정동 로데오거리 및 청담명품거리 상권에 투자하는 것도 좋겠지만 신흥 상권에 투자하는 것도 유망할 듯싶습니다.

자, 그럼 상권 분석을 마친 뒤 특정 지역을 선택했다고 칩시다. 그리고 부동산 중개업자에게 매물 두 개를 소개받았다고 칩시다. A매물은 지은 지 얼마 안 된 빌딩이고, 1층에 예쁜 카페가 입점해 있습니다. B 매물은 낡고 오래된 빌딩이고, 1층에는 분식점이 입점해 있는데 장사가 잘 안 되고 있습니다. 물론 똑같은 면적이더라도 A빌딩의 점포가 B빌딩의 점포에 비해 임대료가 비쌀 것입니다. 그렇다면 B빌딩보다는 A빌딩에 투자해야 할까요?

결론부터 말씀드리자면 A빌딩보다는 B빌딩에 투자하는 것이 좋습니다. 빌딩은 정성을 들이는 만큼 새롭게 태어납니다. 낡고 오래된 B 빌딩은 새로 지은 A빌딩보다 싼 가격에 매수할 수 있습니다. 이런 빌딩을 신축 또는 증축, 리모델링 등을 하면 임대료를 올릴 수 있고, 빌딩의 자산가치 또한 높일 수 있습니다.

제 경우를 예로 들어보겠습니다. 저는 2009년에 가로수길 인근의 대지면적 80평짜리 낡은 주택 한 채를 25억 원에 매수했습니다. 당시에는 이미 가로수길에 상권이 형성되었지만 이 주택이 있는 곳까지는 상권이 형성되지는 않았습니다. 그래서 이 주택을 매수한 후 전세를 놓고 건물에 손대지는 않았습니다.

그러고 나서 2년 후 이 주택 주위로 신축 또는 리모델링한 건물들이 하나둘 들어서기 시작했습니다. 그래서 전세 계약이 만료되자마자 이 주택을 허물고, 약 7억 원의 공사비용(건축 인허가 및 부대비용 포함)을 들여 지하 1층~지상 4층 규모의 신축빌딩을 지었습니다. 참고로 7억 원의 공사비용은 매우 저렴한 편입니다. 제가 운영하는 건설회사가 있으니 다른 사람들보다 20~30% 정도 싸게 공사할 수 있었던 것입니다.

현재 이 빌딩의 가격은 세로수길 상권의 발달에 힘입어 80억 원을 호가합니다. 처음에 주택을 구입한 비용으로 25억 원을 들였고, 이후 공사비용으로 7억 원을 들였으니, 32억 원을 투자해 50억 원 가까이 벌어들인 셈입니다. 참고로 저는 이 빌딩에서 매월 2천만 원 이상의 임대수익도 올리고 있습니다.

저는 이와 비슷한 방법으로 또 다른 빌딩을 지었습니다. 2010년에 강남구 삼성동의 코엑스 인근에 위치한 대지면적 100평의 오래된 3층 상가주택을 48억 원에 매수했습니다. 그 당시만 해도 이 상가주택 주위에는 다세대주택과 상가주택 등이 들어서 있었는데 미래가치가 불투명해 보였습니다. 그래서 부동산 좀 안다고 하는 주위의 지인들이 "이 매물을 사지 말라"고 말렸습니다.

하지만 저는 지하철 9호선이 개통되면 이 상가주택의 가치가 한 단계 상승할 것이라 전망했습니다. 2014년에 현대자동차가 한전부지를 매입한 데 이어 2015년에 지하철 9호선 삼성중앙역이 이 상가주택 인근에 들어서자 가격이 60억 원으로 올랐습니다. 저는 2015년에 10억 원의 공사비용을 들여 신축건물을 지었습니다. 지하 1층~지상 5층 규모로 재탄생한 이 빌딩의 자산가치는 약 90억 원에 이릅니다. 앞으로 현대자동차 글로벌비즈니스센터가 완공되면 유동인구가 더욱 늘어나 이 빌딩의 자산가치는 더 향상될 것입니다.

마지막으로 상가 및 빌딩은 아파트와 달리 신경 써야 할 것들이 많으므로, 세무·법률·금융·건축 등 여러 분야 전문가들의 도움을 받아야 합니다. 하지만 전문가들이 하는 말이라고 해서 무조건 믿어서는 안 됩니다. 모두 그런 것은 아니지만 이들의 말만 듣다가 손해 보는 경우도 있기 때문입니다.

제 지인 중 한 사람은 사업이 바쁘다 보니 상권 분석 등을 스스로 하지 않고, 평소에 믿고 있던 부동산 중개업자를 통해 2015년에 9호선 언주역 인근의 원룸건물을 소개받았습니다. 중개업자의 말에 의하면, 이 건물은 지은 지 2년밖에 안 되어서 새 건물이고, 지하철역에서 도보로 3분 거리에 위치하며, 1층부터 5층까지 원룸들로 이루어진 건물이라서 매월 임대료로 3천만 원가량 받을 수 있습니다. 결국 그는 80억 원을 들여 이 건물을 매수했습니다. 이 중개업자를 통해 예전에도 부동산을 구입했기에 모든 일을 그에게 맡겼습니다.

그런데 말입니다. 몇 달 뒤 강남구청 건축과에서 그에게 연락이 왔습니다. 건축과 담당자는 그가 매수한 신축건물이 위법건축물이니 벌금을 내야 한다고 했습니다. 그러면서 "만약 벌금을 내지 않으면 건물 내의 모든 시설물들을 철거해야 한다"고 했습니다.

나중에 알고 보니 이 건물은 예전의 건물주가 모든 층을 사무실로 사용하도록 허가를 받았습니다. 원룸건물이 더 비싼 가격에 팔린다고 생각한 건물주가 원룸으로 불법개조해 사용한 것입니다.

결국 그는 이 일로 크나큰 손해를 보았습니다. 그리고 건물을 매수할 때는 자신이 직접 건축물대장상의 용도를 반드시 확인해야 한다는 사실을 뒤늦게 깨달았습니다.

한 가지 예를 더 들어볼까요? 제가 아는 또 다른 사람은 강북구 미아역 상권에 위치한 4층짜리 상가건물이 45억 원에 급매로 나왔다는 소식을 들었습니다. 45억 원이라는 가격은 그에게는 전 재산의 약 90%에 해당하는 거금이었지만 이 상가건물에서 매월 2,500만 원의 임대료를 받을 수 있다는 말에 희망을 걸었습니다. 그래서 그는 일주일 동안 해당 건물이 위치한 곳의 유동인구와 상권 등을 분석하기 위해 현장조사를 감행했습니다.

이 상가건물의 지하층에는 노래방이 있었고, 1층에는 유명 화장품 브랜드와 편의점, 2층에는 프랜차이즈 식당, 3층에는 호프집, 4층에는 당구장이 있었습니다. 일주일간 이 상가건물의 주위에서 관찰한 바에 따르면, 이 건물에 출입하는 사람이 제법 많았습니다. 이 정도면 임대료가 밀리지는 않겠구나 싶어서 계약을 체결했습니다.

그런데 얼마 후 그는 깜짝 놀랐습니다. 알고 보니 지하층에 있던 노래방이 문제였습니다. 유흥주점뿐만 아니라 이와 유사한 형태로 영업하고 있는 단란주점, 노래연습장(도우미를 부르는 노래방) 등은 고급 오락장으로 분류됩니다. 이때 영업장의 바닥 면적 합계가 $100m^2$를 초과하면 기존에 납부해야 할 취득세의 5배에 달하는 세금을 추가로 납부해야 합니다. 지하층 노래방의 바닥 면적이 $145m^2$나 되어서, 그는 어쩔 수 없이 취득세의 5배에 달하는 세금을 내야만 했습니다.

　　　　　　　　　　　부동산 수익률의 제왕

이처럼 빌딩 투자를 할 때는 다른 사람에게 전적으로 의지해서는 안 됩니다. 세무ㆍ법률ㆍ금융ㆍ건축 등 여러 분야의 전문적인 지식들을 어느 정도는 갖추고 있어야 위험을 피할 수 있습니다.

경기도
주택 투자 길라잡이

경기도 아파트 투자, 어느 지역과 어떤 매물을 선택해야 할까?

지금 이 순간에도 천정부지로 치솟는 서울 아파트 전세가에 부담을 느끼는 사람들이 서울 인근의 경기도로 이주하고 있습니다. 2016년 3월 기준 서울 아파트 평균 전세가는 4억 244만 원이고, 경기도 아파트 평균 전세가는 2억 4,034만 원입니다.

물론 경기도 아파트 평균 전세가인 2억 4,034만 원은 그리 적은 금액은 아닙니다. 2억은커녕 1억도 없는 사람이 부지기수이고, 아직까지 지방에는 1억 원 이하의 아파트도 있습니다. 하지만 우리나라 인구의 거의 절반가량이 수도권에서 일하고 있습니다. 수도권의 전세가가 앞으로 더 오른다 해도 지방으로 내려가는 사람은 그리 많지 않을 것입니다. 서울에서 일할 때보다 적은 월급을 받더라도 지방으로 내려가 주거비용을 낮추는 것이 합리적일 수 있습니다만 실제로는 서울

부동산 수익률의 제왕

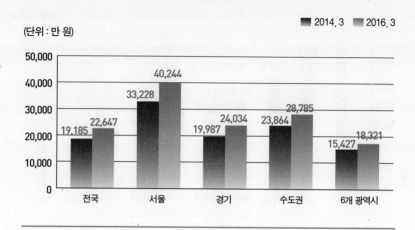

지역별 아파트 평균 전세가 변화

(단위 : 만 원)

■ 2014. 3　■ 2016. 3

	전국	서울	경기	수도권	6개 광역시
2014.3	19,185	33,228	19,987	23,864	15,427
2016.3	22,647	40,244	24,034	28,785	18,321

이나 대도시에서 반전세 혹은 월세라도 살겠다는 사람들이 훨씬 많습니다. 결국 서울은 물론 경기도에는 전세가 상승을 견인하는 수요층이 많기 때문에 전세가 상승이 불가피합니다.

최근 들어 서울보다 전세가가 낮은 경기도로 이주하는 사람들이 늘자 경기도 아파트의 전세가가 크게 올랐고, 2016년 3월 기준 경기도의 전세가율(76.9%)은 서울(70.9%)보다 높습니다. 이처럼 전세가율이 높아지자 경기도의 아파트 거래량도 늘고 있습니다. 2015년 수도권(서울 포함) 아파트의 전체 거래량은 32만 5,288건인데, 이중 서울에서는 10만 5,284건이 거래되었고, 경기도에서는 그보다 많은 17만 7,938건, 인천에서는 4만 2,066건이 거래되었습니다.

앞에서 저는 소자본으로 높은 수익률을 올리기 위해서는 전세가율이 높은 아파트를 찾아야 한다고 했습니다. 그렇다면 경기도에서 전

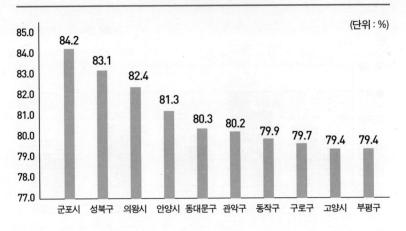

세가율이 높은 지역은 어디일까요?

2016년 3월 기준 수도권에서 전세가율이 높은 순위는 경기도 군포시, 서울시 성북구, 경기도 의왕시 등입니다. 경기도에서는 군포시와 의왕시, 안양시, 고양시의 전세가율이 높은데, 이 지역들에 주목해야 합니다. 앞으로 이 지역들에서는 전세 수요에서 매매 수요로 전환하는 사람들이 늘 것이기 때문입니다.

그런데 경기도에서는 전용면적 $85m^2$ 미만의 중소형 아파트와 2~3억 원대의 아파트가 가장 많이 거래되었습니다. 왜냐하면 4인 가족 이하의 수요층이 서울 전세가보다 훨씬 싼 경기도 아파트를 매수하려 하고, 소자본으로 높은 시세차익을 노리는 전국 각지의 투자자들이 경기도 중소형 아파트에 투자하고 있기 때문입니다.

판교와 가까운 경기도 성남시 분당구 이매동의 아파트를 예로 들어볼까요? 분당은 한때 버블 세븐 지역이었기 때문에 중대형 아파트 가격이 많이 하락했는데, 성남시 분당구 이매동의 아름건영아파트 49평은 2007년 1월에 11억 원의 최고점을 찍은 이후 2016년 4월 현재 6억 1천만~6억 6천만 원의 시세를 형성하고 있습니다. 참고로 저는 2004년 7월에 아름건영아파트 49평 세 채를 매수했는데, 2007년에 이 녀석들을 모두 매도했습니다.

그런데 이 아파트의 인근에 위치한 이매삼성아파트 23평은 지금 이 순간에도 최고점을 갱신하고 있습니다. 이 아파트는 2016년 4월 현재 최고점을 갱신했는데, 심지어 매물을 찾아보기가 힘듭니다. 참고로 이 아파트의 전세가는 3억 9천만 원에 이르고 있습니다.

이처럼 같은 지역이더라도 중대형보다는 중소형 아파트가 인기를 얻고 있습니다. 따라서 같은 지역이더라도 전세가율이 높은 중소형 아파트에 투자하는 것이 안전합니다.

성남시 분당구 이매삼성아파트 23평의 10년간 매매가 변화

(단위 : 만 원)　　　　　　　　━ 매매 상한가 ━ 매매 하한가

43,000

42,200
39,250
36,300
33,350
32,000

'07.01　'08.01　'09.01　'10.01　'11.01　'12.01　　　　'16.04

경기도에서 전세가율이 가장 높은 군포시는 실수요층이 선호하는 중소형 아파트의 비중이 높고 산본신도시가 있어서 편의시설 등이 잘 갖춰진 편입니다. 또한 지하철 1호선과 4호선을 이용할 수 있어서 서울로 이동하는 데도 수월합니다. 그래서 최근 들어 전국의 투자자들이 군포 산본신도시의 중소형 아파트에 투자하고 있습니다.

이밖에도 경기도에는 높은 수익률을 거둘 수 있는 지역들과 매물들이 많은데, 일각에서는 "우리나라는 물가에 비해 주택 가격이 턱없이 높아서 위험하다"고 말합니다. 과연 그럴까요?

일각의 우려와는 달리 주택 가격은 앞으로도 충분히 오를 수 있다

저는 주택 가격에 가장 큰 영향을 끼치는 것은 물가라고 생각하는데, 우리나라의 주택 가격은 물가에 비해 결코 높은 편이 아닙니다. 최근에 출간된 『나는 부동산 싸게 사기로 했다』에는 주택 가격과 물가지수의 관계에 대해 자세히 설명되어 있습니다.

다음 페이지의 그래프를 통해 다음과 같은 사실을 알 수 있습니다. 주택 가격이 물가보다 빨리 오르고, 그 상태가 오랫동안 유지되면 주택 가격에 거품이 끼었다고 볼 수 있습니다. 반대로 물가가 주택 가격보다 빨리 오르고, 그 상태가 오랫동안 유지되면 주택 가격이 저평가되었다고 볼 수 있습니다.

그런데 우리나라의 경우 주택 가격이 물가보다 빨리 오르고 있지

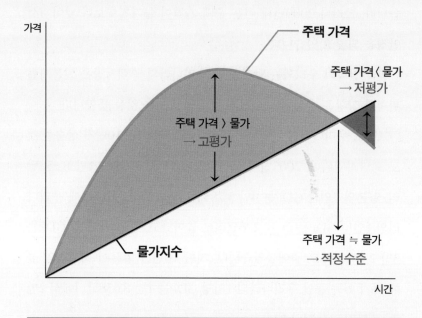

않기 때문에 주택 가격에 거품이 끼었다고 볼 수는 없습니다. 137페이지의 그래프를 통해 알 수 있듯이 우리나라의 주택 가격이 가장 고평가되었던 시기는 1980년대 후반이었습니다. 그 당시에는 호황에 힘입어 주택 가격이 물가지수보다 크게 올랐습니다. 하지만 1998년에는 IMF 외환위기로 주택 가격이 폭락해 물가지수보다 크게 낮아졌습니다. 이후 주택 가격은 물가지수보다 낮게 오르고 있으므로, 일각의 우려와는 달리 주택 가격에 거품이 낀 것은 아닙니다.

　그렇다면 일본의 경우는 어떨까요? 일본은 1970년대까지는 주택 가격이 물가와 비슷하게 오르다가 1980년대 후반부터 주택 가격이 물가보다 지나치게 많이 올라서 결국 1992년에 주택 가격이 폭락했습니다. 그러다 2000년대 이후 주택 가격이 물가지수보다 낮아져서 안정을 되찾고 있습니다.

결국 일각의 우려와는 달리 현재 우리나라의 주택시장은 일본처럼 위험한 상황은 아닙니다. 일본의 전철을 밟지는 않을 듯합니다.

그리고 우리나라의 국민소득이 일본과 달리 최근 10년간 상승한 것도 희망적입니다. 2005년에 우리나라의 1인당 GDP는 1만 8,658달러, 일본의 1인당 GDP는 3만 5,785달러였습니다. 2015년에 우리나라의 1인당 GDP는 2만 7,226달러로 늘어났고, 일본의 1인당 GDP는 3만 2,432달러로 줄어들었습니다. 지난 10년간 일본이 저성장의 늪에 빠져 있는 동안 우리나라의 1인당 GDP는 1만 8,658달러에서 2만 7,226달러로 늘어났습니다.

그렇다면 앞으로 10년간 우리나라의 1인당 GDP는 어떻게 변할까요? 무디스는 2016년 한국의 경제성장률을 2.5%로 예상하며, 2020년까지 연 평균 2.9% 성장할 것으로 전망했습니다. 과거에 비해 한국은 저성장 기조를 보이겠지만 1인당 GDP 3만 달러 시대가 조만간 열릴 것입니다.

결국 국민소득과 물가가 오르는 만큼 우리나라의 주택 가격은 꾸준히 오를 수밖에 없으므로, 서울은 물론 경기도의 아파트 전세가와 매매가는 앞으로도 상승할 것 같습니다.

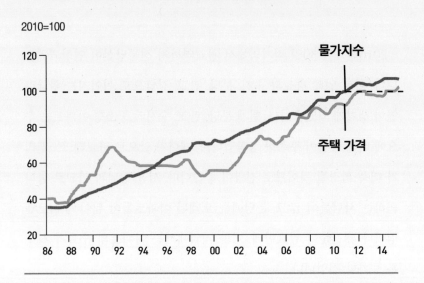

우리나라의 주택 가격과 물가지수의 관계

2010=100

물가지수

주택 가격

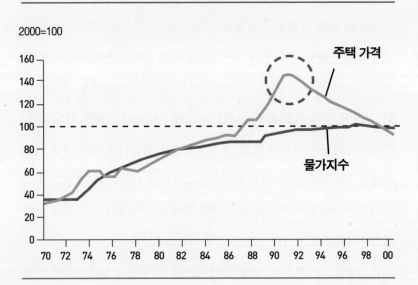

일본의 주택 가격과 물가지수의 관계

2000=100

주택 가격

물가지수

신분당선이 경기 남부 아파트 가격을 끌어올릴 것이다

2016년 1월 30일 정자역에서 광교역까지 신분당선이 연장되었습니다. 이로 인해 광교와 수지, 분당, 판교, 강남으로 이어지는 황금라인이 생기게 되었습니다. 현재 분당, 판교, 수지의 중소형 아파트는 수요에 비해 공급이 부족한 상황입니다. 게다가 앞으로 판교테크노밸리가 더욱 확장될 것이므로 전망이 좋습니다. 서울 강남과 판교로 출퇴근하는 사람들이 많고, 분당에는 오래된 아파트들이 많아서 리모델링이나 재건축이 필요한데, 이들 지역에서는 아파트의 수요가 갈수록 증가할 것입니다.

용인시 수지구는 2008년 금융위기의 여파로 매매가가 크게 하락하면서 미분양 아파트가 속출했던 대표적인 지역이었지만, 2014년부터 신분당선 연장 호재로 급반등해 상당수의 단지가 2007년 당시의 최고가를 회복했습니다. 동천마을 현대홈타운 2차 아파트를 예로 들면, 2016년 4월 기준 이 아파트 24평의 전세가는 3억 2천만 원, 매매가는 3억 7천만 원에 이르고 있습니다. 수지에서는 중소형뿐만 아니라 40평대까지의 중대형 아파트도 가격이 오르고 있습니다. 동천마을 현대홈타운 2차 아파트 37평의 매매가는 2007년 1월에 5억 9천만 원의 최고점을 갱신한 이후 4억 원 아래로 떨어졌는데, 2016년 4월에는 매매가가 4억 3천만~4억 7천만 원에 이르고 있습니다.

수지에서 소자본으로 중소형 아파트에 투자하고 싶으시다면 다음의 아파트들을 추천합니다. 동천마을 현대홈타운 2차 아파트 24평은 전세가가 3억 2천만 원이고 매매가가 3억 7천만 원이니, 5천만 원으로 투자하실 수 있습니다. 이 아파트는 1년 전인 2015년 3월에 전세가가 2억 5천만 원이고 매매가가 3억 2천만 원이었는데, 1년 사이에 전세가가 7천만 원 오르고 매매가가 5천만 원 올랐습니다. 신분당선 수지구청역과 도보로 5분 거리에 위치한 수지구 풍덕천동 한성아파트 23평은 단지 내에 토월초등학교가 있고 수지근린공원 등 생활편의시설이 인근에 있습니다. 이 아파트는 1년 전인 2015년 3월에 전세가가 2억 5천만 원이고 매매가가 2억 9천만 원이었는데, 1년 사이에 전세가가 5천만 원 오르고 매매가가 3천만 원 올랐습니다. 이 아파트는 전세가가 3억 원이고 매매가가 3억 2천만 원이니, 2천만 원으로도 투자하실 수 있습니다.

신분당선 개통으로 새 아파트들이 있는 광교와 판교로 유입되는 인구가 늘어날 것인데, 2016년 3월 기준 광교와 판교의 아파트 매매가는 30평대의 경우 6억~8억 원대로 서울 강북보다 비싼 편입니다. 따라서 상대적으로 매매가와 전세가가 저렴한 수지 지역으로도 많은 사람이 몰릴 것입니다. 수지 지역의 아파트에 투자하시면 앞으로 2년간 연수익률 50% 정도는 거뜬히 올릴 수 있을 듯합니다.

수지보다 좀 더 주거환경이 좋으면서 서울 강남과 가까운 곳을 원하신다면 분당을 추천해 드리겠습니다. 분당은 인근의 판교에 비해 오래된 아파트들이 많기는 하지만 생활편의시설 등 입지가 좋고 판교에 비해 아파트 가격이 낮아서 장점이 있습니다. 게다가 신규공급 물량이 많지 않아서 안전한 지역입니다. 분당에서는 성남시 분당구 이매동의 이매삼성아파트 23평을 추천합니다. 이 아파트 인근에는 이매초등학교와 이매중학교, 이매1동 주민센터, 성남아트센터 등이 있어서 주거환경이 좋습니다. 이 아파트는 1년 전인 2015년 3월에 전세가가 3억 원이고 매매가가 3억 8천만 원이었는데, 1년 사이에 전세가가 9천만 원 오르고 매매가가 5천만 원 올랐습니다. 이 아파트는 전세가가 3억 9천만 원이고 매매가가 4억 3천만 원이니, 4천만 원으로 투자하실 수 있습니다.

분당에서는 또 다른 아파트로 상록마을 우성아파트를 추천합니다. 이 아파트가 있는 정자동은 분당선 및 신분당선 정자역이 있고, 분당에서 인기 있는 정자동 학원가가 있습니다. 또 탄천이 흐르고 있고 유명한 정자동 카페골목 등 생활편의시설이 많습니다. 그래서 정자동은 분당에서 가장 인기 있는 지역입니다. 정자동에는 한솔마을, 느티마을, 정든마을, 상록마을 등이 있는데, 그중에서도 상록마을이 가장 인기 높습니다. 저는 상록마을 중에서도 상록마을 우성아파트를 추천합니다. 이 아파트의 26평은 1년 전인 2015년 3월에 전세가가 3억 7천만 원이고 매매가가 5억 1천만 원이었는데, 1년 사이에 전세가가 6천만 원 오르고 매매가가 2천만 원 올랐습니다. 이 아파트의 32평은 1년 전에 전세가가 4억 3천만 원이고 매매가가 6억 1천만 원이었는데, 1년 사이에 전세가가 9천만 원 오르고 매매가가 1천만 원 올랐습니다. 26평과 32평 모두 1억 원으로 투자하실 수 있는데, 기왕이면 32평에 투자하시는 것이 수익률 측면에서 유리할 듯싶습니다. 32평의 전세가가 상당부분 높아졌으니, 앞으로는 매매가가 상승할 것이기 때문입니다.

끝으로 2억 원 이상을 투자할 여력이 있으시다면 판교와 광교의 아파트에 투자하시는 것도 좋을 듯싶습니다. 이들 지역에는 꾸준한 개발호재가 있어서 큰 인기를 얻고 있습니다. 광교의 경우 호수공원과 학교 등 편의시설들이 들어서고, 경기도청과 법원, 검찰청, 광교테크노밸리 등이 새로 들어서면서 수원의 중심으로 우뚝 설 것입니다. 그로 인해 이 지역의 아파트 전세가와 매매가는 지속적으로 상승할 듯합니다. 판교의 경우에도 판교테크노밸리가 더욱 확장될 것이므로 아파트 전세가와 매매가가 꾸준히 오를 것입니다.

일산과 평촌 그리고 산본, 1기 신도시 아파트 옥석 가리기

1990년대에 분당, 일산, 중동, 군포, 산본 등에 1기 신도시가 조성되었습니다. 1기 신도시는 서울과 가까운 곳에 위치하고, 아직 기반시설이 갖춰지지 않은 2기 신도시에 비해 주거환경이 뛰어납니다. 1기 신도시는 2008년 금융위기 직전까지 중대형 아파트를 중심으로 가격이 크게 올랐지만 폭락했습니다. 현재는 노후화되어서 2기 신도시보다 아파트 가격이 낮은 편입니다.

그런데 서울을 중심으로 전세가와 매매가가 오르자 상대적으로 가격이 낮은 1기 신도시가 또다시 인기를 끌고 있습니다. 게다가 2014년에 '9·1부동산대책'이 발표되면서 "수도권에 더 이상 신도시를 만들지 않겠다"고 하자 1기 신도시가 반사이익을 얻었습니다. 또 몇 년 전부터 1기 신도시의 소형 아파트에 갭투자(전세가율이 높은 아파트에 투자하는 것)하는 사람들이 몰리면서 상당수의 소형 아파트들이 이미 최고점을 넘어섰습니다.

하지만 중대형 아파트들은 아직도 가격 회복을 못하고 있습니다. 그렇다면 이들 중대형 아파트들은 과연 언제쯤 최고점을 회복할 수 있을까요? 또 앞으로도 소형 아파트들의 가격은 계속 오를 수 있을까요?

정답부터 말씀드리자면 모든 1기 신도시의 아파트들이 인기를 끌지는 않을 것입니다. 각 지역에서 가장 훌륭한 기반시설을 갖춘 인기 단지를 중심으로 가격이 오를 것이고, 인근에 들어서는 신규 아파트가 얼마나 인기가 있느냐에 따라 결과가 달라질 것입니다. 자, 그럼 1기 신도시의 아파트들 중에서 옥석을 가려봅시다.

일산은 한때 분당, 평촌과 함께 잘나가던 1기 신도시였습니다. 일산 지역은 신도시 중앙부에 위치한 정발산을 제외하면 대부분이 평탄한 지형인데, 서남쪽으로 한강이 흐르고 호수공원 등이 있어서 쾌적한 환경을 자랑합니다. 하지만 이 지역의 아파트들이 점점 노후화되다 보니 인기가 시들해졌지요.

부동산 수익률의 제왕

현재 일산의 아파트는 분당, 평촌, 중동, 산본 등 5대 신도시 중에서 가격이 가장 낮아졌습니다. 그 이유는 입주한 지 20년 이상 경과한 아파트들이 대부분이라서 상품 경쟁력이 낮아진 데다, 일산 인근에 위치한 경기 북부의 2기 신도시들인 운정신도시와 김포신도시의 아파트들이 인기를 끌지 못했기 때문입니다. 2016년 3월 기준 일산의 낡은 아파트(평당 1,059만 원)보다 싼 가격에 경기 북부 2기 신도시인 운정신도시(평당 926만 원)와 김포신도시(평당 1,015만 원)의 새 아파트들이 공급되고 있으니, 일산 혼자 나 홀로 잘나갈 수는 없었습니다.

또 일산신도시와 인접한 대규모 택지지구인 삼송지구는 2013년까지만 하더라도 인기가 없어서 가격 하락세를 보였습니다. 이처럼 삼송지구의 신규 아파트가 평당 1,190만 원대까지 하락하자 일산신도시의 아파트들도 평당 1천만 원 이하로 하락했습니다.

그런데 최근 서울에서 전세난민이 유입되면서 삼송지구의 아파트 전세가와 매매가 크게 올랐습니다. 이 지역은 지하철 3호선 삼송역과 신세계복합쇼핑몰, 신분당선 신설 등 개발호재로 인기를 끌고 있습니다. 앞으로 이 지역에는 5만 8천여 명의 많은 인구가 수용될 것인데, 상가건물 등 생활편의시설이 많이 들어설 것이므로 미분양이 우려되지는 않습니다.

현재 삼송지구는 최근의 부동산시장 활황에 힘입어 매매가가 상승했습니다. 부동산 114에 따르면 2016년 3월 기준 삼송지구의 평당 아파트 매매가는 1,364만 원입니다. 일례로 삼송아이파크 2차 30

평대는 6억 원에 매물로 나와 있습니다. 이처럼 인근의 삼송지구가 2014년 이후 인기를 끌자 2015년부터 일산신도시도 반등하기 시작했습니다.

게다가 일산신도시에는 한류월드가 조성되면서 킨텍스 제2전시장, 원마운트, 한화아쿠아리움, 이마트타운, 한류문화콘텐츠 테마파크, EBS 통합사옥, 현대자동차 복합센터 등이 들어서고 있습니다. 한류월드 일대에는 GTX 킨텍스역이 들어설 예정이고, 한화꿈에그린과 킨텍스원시티 등의 주거시설도 들어설 것입니다. 그리고 일산에는 서울로 접근하는 교통망이 부족하다는 약점이 있었는데, 경의선이 중앙선과 연결되면서 지하철 3호선과 더불어 서울로 이동하기가 편해졌습니다.

이처럼 일산이 다시금 부각되자 한류월드 일대에 신규 분양하는 아파트들이 큰 인기를 끌고 있는데, 2015년부터 한류월드 인근의 기존 아파트들의 가격까지 크게 오르고 있습니다. 또 일산에서 가장 훌륭한 기반시설을 갖춘 기존 중소형 아파트들을 중심으로 가격이 오르고 있습니다.

일산에서 오랫동안 거주하는 사람들 중에는 신규 아파트에 살고 싶어 하는 사람들이 많습니다. 그러나 얼마 전에 신규 아파트들이 들어선 덕이동과 식사동 지역은 기반시설이 부족해 인기를 끌지 못했습니다. 또 운정신도시에도 새 아파트들이 많이 있지만 지리적으로 서울과 멀고 기반시설이 부족합니다. 게다가 운정신도시의 새 아파트들은 공급이 수요에 비해 많아서 가격이 오르지 않으므로 선호도 또한 떨어집니다.

하지만 한류월드에 신규 분양하는 아파트들은 앞으로 일산을 대표하는 랜드마크가 될 여건을 갖추어서 큰 인기를 끌고 있습니다. 한류월드에 들어서는 아파트들은 수요에 비해 공급이 부족한 상황입니다. 이 아파트들의 분양권에는 앞으로 수천만 원 이상의 프리미엄이 붙을 것 같습니다. 일산 지역의 기존 아파트 시세가 다른 신도시들에 비해 낮은 편이므로 서울처럼 높은 가격의 분양가를 책정할 수 없습니다. 한류월드에 들어서는 신규 아파트들의 분양가는 2016년 4월 기준 평당 1,500만~1,700만 원대입니다. 이처럼 분양가가 낮으니 입주가 시작되면 평당 2천만 원까지 가격이 오를 듯싶습니다.

일산 지역에서는 한류월드의 인기에 힘입어 인근의 기존 아파트들 역시 전세가와 매매가가 크게 올랐습니다. 주엽동의 문촌마을19단지 신우아파트 32평은 1년 사이(2015년 4월부터 2016년 4월까지)에 전세가가 2억 4천만 원에서 3억 3천만 원으로 올랐고, 매매가가 3억 6천만 원에서 3억 9천만 원으로 올랐습니다. 이 아파트는 6천만 원으로 투자하실 수 있습니다. 이 아파트의 28평은 1년 사이에 전세가가 2억 1천만 원에서 2억 7천만 원, 매매가가 3억 1천만 원에서 3억 3천만 원으로 올랐는데, 6천만 원으로 투자하실 수 있습니다. 참고로 저는 2015년 초에 이 아파트의 28평 세 채를 매수했습니다. 현재 시점에서는 28평과 32평의 투자비용이 같으니, 32평에 투자하시는 것이 유리할 듯싶습니다. 앞으로는 32평의 가격이 좀 더 오를 것 같기 때문입니다.

또 한류월드에서는 거리가 좀 멀지만 이미 기반시설을 잘 갖추고 있는 기존 중소형 아파트들을 중심으로 가격이 오르고 있습니다. 일산서구는 한때 일산동구에 비해 아파트 가격이 평당 100만 원가량 낮았는데, 최근에는 한류월드 등의 개발호재로 일산동구와 가격이 얼추 비슷해질 정도로 상승했습니다. 일산서구에서는 오마초등학교와 오마중학교, 후곡학원가와 인접한 후곡마을9단지 LG롯데아파트를 추천합니다. 이 아파트의 32평은 1년 사이에 전세가가 2억 9천만 원에서 3억 6천만 원으로 올랐고, 매매가가 3억 8천만 원에서 4억 3천만 원으로 올랐습니다. 이 아파트는 7천만 원으로 투자하실 수 있습니다. 이 아파트의 28평은 1년 사이에 전세가가 2억 3천만 원에서 3억 원, 매매가가 2억 9천만 원에서 3억 4천만 원으로 올랐는데, 4천만 원으로 투자하실 수 있습니다. 참고로 저는 2014년 초에 이 아파트의 28평 한 채를 매수했습니다. 현재 시점에서 투자비용이 부담되신다면 28평에 투자하는 것이 낫고, 보다 높은 수익률을 올리고 싶으시다면 32평에 투자하는 것이 좋을 듯합니다.

그런데 2016년 4월 기준 이 아파트뿐만 아니라 일산신도시의 기존 아파트들의 가격은 보합세가 나타나고 있는데, 아마도 한류월드의 원시티가 분양을 마치는 6월 이후에는 상승세로 돌아설 것입니다. 원시티의 신규 분양에 기대를 걸었던 투자자들이 청약받지 못하면 기존 아파트 투자로 발길을 돌릴 수 있기 때문입니다. 이러한 이치는 일산신도시뿐만 아니라 인근에 신규공급 물량이 많은 기존 아파트에 나타나는 보편적인 현상입니다. 따라서 기존 아파트에 투자할 경우에는 인근의 신규 아파트가 얼마나 큰 인기를 끄는지 유심히 살펴야 합니다.

그런데 말입니다. 아직까지 일산의 기존 중대형 아파트들은 가격 회복을 못하고 있습니다. 후곡마을과 문촌마을, 강선마을 등 일산서구의 중대형 아파트는 물론 양지마을과 정발마을, 강촌마을, 백마마을 등 일산동구의 중대형 아파트들은 중소형 아파트와 가격차가 크지 않을 정도로 가격이 낮습니다. 현재 이들 중대형 아파트들의 전세가율은 80%에 이르고 있는데, 소자본으로 중대형 아파트에 투자하고 싶으신 분이 있다면 도전해 보십시오. 제 생각에는 지금보다는 가격이 더 이상 떨어지지는 않을 것 같고, 1년 전부터 20평대가 상승세를 보였고, 최근에는 30평대가 상승하기 시작했으니, 앞으로 40평대까지는 상승할 여력이 있을 듯합니다. 그렇지만 이 경우 어느 정도의 위험은 감수해야 합니다.

자, 이제 서울외곽순환고속도로를 타고 평촌으로 가봅시다. 평촌신도시는 북쪽의 관악산과 남쪽의 모락산 사이에 펼쳐진 평야 지역에 위치하고 있습니다. 평촌신도시의 서쪽으로는 한강의 지류인 안양천이 흐르고, 안양천 건너편에는 수리산도립공원이 있어서 쾌적한 환경을 갖추고 있습니다. 평촌신도시에는 안양시 전체 인구의 약 57%에 이르는 인구가 살고 있으며, 안양시청과 동안구청 등 행정관청과 지하철 4호선이 있어서 안양에서 가장 번화한 곳입니다.

일산과 달리 평촌은 평촌 더샵 센트럴시티와 힐스테이트 에코 평촌을 제외하고 주변에 신규공급되는 대단지 아파트가 거의 없는데, 새로운 경쟁자가 없는 만큼 이미 기반시설을 충분히 갖추고 있는 기존 아파트들이 더더욱 인기를 끌 것입니다. 경기도에서 평촌은 군포시와 의왕시, 고양시와 더불어 전세가율이 가장 높은 지역인데, 평촌에서 인기 있는 아파트는 다음과 같습니다.

귀인마을 현대홈타운은 평촌신도시에서 비교적 최근인 2002년에 입주한 아파트입니다. 이 아파트 인근의 귀인동 학원가에는 안양은 물론 의왕과 군포, 과천의 학생들이 몰려옵니다. 또 이 아파트는 우수 학군인 귀인초등학교와 귀인중학교 학군에 속합니다. 게다가 범계역과 평촌중앙공원을 도보로 이용할 수 있고, 먹자골목도 인근에 있습니다. 심지어 서울외곽순환고속도로 평촌IC가 지척에 있습니다. 이 아파트의 33평은 1년 사이(2015년 4월부터 2016년 4월까지)에 전세가가 3억 9천만 원에서 4억 7천만 원으로 올랐고, 매매가가 5억 2천만 원에서 5억 6천만 원으로 올랐습니다. 이 아파트는 9천만 원으로 투자하실 수 있습니다. 이 아파트의 25평은 1년 사이에 전세가가 2억 9천만 원에서 3억 5천만 원, 매매가가 4억 원에서 4억 3천만 원으로 올랐는데, 8천만 원으로 투자하실 수 있습니다. 참고로 저는 2014년 초에 이 아파트의 25평 두 채를 매수했습니다.

평촌에서 이보다 적은 비용으로 투자하시고자 한다면 다음 매물을 추천해 드리고 싶습니다. 무궁화마을 금호아파트는 평촌의 우수 학군 중 하나인 범계중학교 인근에 위치하고, 귀인동 학원가와 범계역, 평촌중앙공원을 도보로 이용할 수 있고, 먹자골목도 인근에 있습니다. 뿐만 아니라 호계동에는 앞으로 재건축 및 재개발이 추진될 가능성이 높으므로 미래가치도 있는 편입니다. 무궁화마을 금호아파트의 31평은 1년 사이에 전세가가 3억 3,500만 원에서 3억 9천만 원으로 올랐고, 매매가가 4억 1,500만 원에서 4억 5천만 원으로 올랐습니다. 이 아파트는 6천만 원으로 투자하실 수 있습니다. 이 아파트의 27평은 1년 사이에 전세가가 2억 7천만 원에서 3억 3,500만 원, 매매가가 3억 6,500만 원에서 3억 9,500억 원으로 올랐는데, 6천만 원으로 투자하실 수 있습니다. 이 아파트의 22평은 1년 사이에 전세가가 2억 4천만 원에서 3억 원, 매매가가 3억 원에서 3억 3천만 원으로 올랐는데, 3천만 원으로 투자하실 수 있습니다. 저는 27평에 투자하실 것을 권하고 싶습니다. 22평의 가격은 이미 상당부분 올랐으니, 27평 또는 31평에 투자하시는 것이 수익률 측면에서 나을 것 같습니다.

자, 이제 평촌에서 남서쪽으로 좀 더 내려가 산본으로 가봅시다. 산본신도시는 수리산과 오봉산 등에 둘러싸인 평지 지역에 위치하고 있습니다. 산본신도시에는 군포시 전체 인구의 약 60%가 거주하고 있는데, 군포시청과 군포경찰서 등과 지하철 4호선 산본역이 위치하고 있어서 군포에서 가장 번화한 곳입니다.

산본은 1기 신도시뿐만 아니라 수도권 전체에서 전세가율이 가장 높은 지역입니다(2016년 3월 기준). 이 지역은 최근 몇 년 동안 소형 아파트 가격이 가장 많이 오르기도 했습니다. 하지만 산본은 평촌과 달리 중대형 아파트의 가격은 약세를 보이고 있습니다. 평촌이 우수한 교육 여건을 갖추어서 중소형뿐만 아니라 중대형의 가격까지 상승하고 있는 것과 달리 산본에는 상대적으로 교육환경이 열악하고 중대형 아파트를 매수할 만한 수요층이 많지는 않습니다. 산본에는 신혼부부를 비롯해 어린 자녀를 둔 젊은 수요층이 많습니다. 따라서 산본 아파트에 투자하실 분들은 중소형 아파트에 투자하시는 것이 좋을 듯합니다. 산본에서 인기 있는 아파트는 다음과 같습니다.

설악마을주공8단지 아파트는 수락산 주능선 끝자락에 접해 있어 쾌적한 주거환경을 갖추었고, 산본신도시 중 비교적 최근인 1996년에 입주해 마감재가 깔끔한 편입니다. 이 아파트는 신혼부부 등 젊은 층에게 인기 있는데, 단지 인근에 수리초등학교와 수리중학교, 김연아 선수의 모교로 유명한 수리고등학교가 있습니다. 이 아파트는 산본역에서 도보로 15분 거리에 있는데, 이 아파트의 18평은 1년 사이(2015년 4월부터 2016년 4월까지)에 전세가가 1억 2,500만 원에서 1억 4천만 원으로 올랐고, 매매가가 1억 4,500만 원에서 1억 6,500만 원으로 올랐습니다. 이 아파트는 2,500만 원으로 투자하실 수 있습니다.

충무마을주공2단지 아파트는 산본역사와 브릿지로 연결되어 있어서 산본역에서 도보로 2분 거리에 위치하며, 시민체육광장(종합운동장)과 약수터 등이 인접해 있어서 주거환경이 쾌적하고, 중심상업 지역과 뉴코아아울렛과 이마트 등 편의시설이 가까워 생활이 편리한 단지입니다. 2,965세대의 대단지인 이 아파트는 15평, 17평, 18평, 19평, 21평, 24평 등 중소형으로만 이루어져 있습니다. 또 인근에 화산초등학교와 금정중학교, 군포고등학교가 있습니다. 이 아파트는 서울 등으로 출퇴근하는 젊은 층에게 인기 있는 단지인데, 이 아파트의 19평은 1년 사이에 전세가가 1억 1,500만 원에서 1억 3,500만 원으로 올랐고, 매매가가 1억 4,500만 원에서 1억 6,000만 원으로 올랐습니다. 이 아파트는 2,500만 원으로 투자하실 수 있습니다.

산본 역시 노후된 아파트들이 많아서 새 아파트에 살고 싶어 하는 수요층이 많은데, 래미안하이어스 아파트는 그런 바람을 충족시켜줄 수 있는 아파트입니다. 이 아파트는 인기 브랜드이면서 2010년에 입주한 아파트라서 산본 지역에서 매매가가 높은 편이지만 전세가율이 높아서 투자하는 데 부담되지는 않으실 겁니다. 이 아파트의 26평은 1년 사이에 전세가가 2억 9,500만 원에서 3억 8천만 원으로 올랐고, 매매가가 3억 9,500만 원에서 4억 3,500만 원으로 올랐습니다. 이 아파트는 5,500만 원으로 투자하실 수 있습니다. 이 아파트는 단지 내에 중소형뿐만 아니라 중대형 평수도 있으므로 앞으로도 가격 상승이 가장 기대되는 아파트입니다. 그래서 저는 2015년 4월에 이 아파트의 26평 두 채를 매수했습니다.

의정부의 면적은 포천의 10분의 1에 불과하지만 포천보다 두 배 이상의 인구가 살고 있습니다. 2016년 2월 기준 의정부에는 43만 3,943명의 인구가 살고 있는데, 이는 2014년 43만 1,112명에서 늘어난 수치입니다.

그런데 이제 의정부는 새로운 변화를 맞고 있습니다. 과거의 의정부는 파주, 연천, 포천, 동두천과 더불어 군사도시의 이미지가 강해서 부동산 가격이 크게 오르지는 않았습니다. 하지만 2007년부터 미군 부대 부지들이 반환되기 시작해 2012년에 경기지방경찰청 제2청사가 입주했고, 2014년에는 경기도교육청 북부청사가 입주했습니다. 그리고 2018년까지 여러 미군 부대 부지가 추가로 반환될 것인데, 이 부지들은 새롭게 변모할 것입니다.

의정부가 군사도시의 이미지를 탈피하고 서울을 대체하는 주거도시 및 경기북부의 행정도시로 새롭게 거듭나면 미래가치가 달라질 것입니다. 우선 의정부의 장점은 수도권에서 주택 가격이 가장 낮은 편에 속한다는 것입니다. 가격이 낮은 만큼 앞으로 1기 신도시보다 한 박자 늦게 가격이 상승할 여지가 충분히 있습니다. 현재 의정부에서 가장 있는 지역은 호원동인데, 이 지역의 아파트들은 의정부에서 제법 비싼 가격을 형성하고 있습니다. 이 지역에는 1호선 회룡역과 경전철 회룡역이 있는데, 역세권 아파트인 신일유토빌아파트는 호원동에서 가장 인기 있습니다.

이 아파트 인근에는 호원초등학교와 호원중학교가 있어서 교육환경도 좋고, 서울외곽순환고속도로 호원IC가 가까이 있어서 서울과의 접근성도 우수합니다. 이 아파트의 26평은 1년 사이(2015년 4월부터 2016년 4월까지)에 전세가가 1억 6,500만 원에서 2억 500만 원으로 올랐고, 매매가가 2억 3,500만 원에서 2억 6천만 원으로 올랐습니다. 1년 사이에 가격이 상당부분 오르기는 했지만 서울은 물론 경기도의 다른 지역보다 전세가와 매매가가 매우 낮은 이 아파트는 앞으로도 가격 상승이 기대됩니다. 참고로 이 아파트는 수도권의 다른 지역보다 한 박자 늦게, 2015년 하반기부터 전세가와 매매가가 오르기 시작했으니 향후 가격이 더 많이 오를 것입니다. 이 아파트는 5,500만 원으로 투자하실 수 있는데, 연수익률 30% 이상을 기대할 수 있습니다.

이 아파트는 단지 내에 중소형뿐만 아니라 중대형 평수도 있는데, 최근 들어 중대형의 전세가율까지 매우 높아져서 가격 상승이 가장 기대됩니다. 그래서 저는 조만간 이 아파트의 35평에 투자할까 합니다. 이 아파트의 35평은 1년 사이에 전세가가 2억 2천만 원에서 2억 8천만 원으로 올랐고, 매매가가 3억 원에서 3억 1천만 원으로 올랐습니다. 1년 사이에 전세가만 많이 올랐다고 볼 수도 있겠지만 전세가율이 높아진 만큼 가격 상승이 기대됩니다. 이 아파트는 26평에 투자할 때보다 적은 금액인 3천만 원으로 투자하실 수 있는데, 연수익률 50% 이상을 기대할 수 있습니다.

의정부에서 가장 비싼 아파트는 1호선, 7호선 도봉산역 인근에 있습니다. 수락리버시티아파트 1, 2단지 인근에는 중랑천이 흐르고 있으며, 수락산이 둘러싸고 있습니다. 게다가 이 아파트의 3, 4단지는 서울시 노원구 상계동에 속하는지라 서울과 인접해 있으니 서울 생활권이라고 해도 무방합니다. 이 아파트의 24평은 1년 사이에 전세가가 2억 1,500만 원에서 2억 6천만 원으로 올랐고, 매매가가 2억 7천만 원에서 2억 9천만 원으로 올랐습니다. 이 아파트 역시 수도권의 다른 지역보다 한 박자 늦게 전세가와 매매가가 오르기 시작했으니 향후 가격이 더 많이 오를 듯합니다. 이 아파트는 3천만 원으로 투자하실 수 있습니다. 또 이 아파트의 34평은 1년 사이에 전세가가 2억 5천만 원에서 3억 1,500만 원으로 올랐고, 매매가가 3억 4,500만 원에서 3억 7천만 원으로 올랐습니다. 이 아파트는 5,500만 원으로 투자하실 수 있는데, 저는 이 아파트에도 투자할까 고민 중입니다.

이밖에도 의정부에는 경전철 개통으로 수혜를 입은 아파트들이 있습니다. 신곡동은 중랑천을 끼고 있으며 학교와 학원, 병원 등 기반시설을 잘 갖추고 있어서 의정부에서 가장 많은 인구가 사는 지역입니다. 신곡동에서는 경전철 동오역 인근에 있는 극동·동성아파트를 추천해 드리고 싶습니다. 이 아파트 인근에는 열린맘근린공원이 있고, 최근에 경기도청 북부청사가 입주해 신흥 상권이 형성되고 있습니다. 이 아파트의 24평은 1년 사이에 전세가가 1억 2,500만 원에서 1억 4천만 원으로 올랐고, 매매가가 1억 6,500만 원에서 1억 8,500만 원으로 올랐습니다. 이 아파트는 4,500만 원으로 투자하실 수 있습니다.

끝으로 한 가지 변명 아닌 변명을 말씀 드리고 싶습니다. 이 책에는 소개하지 않았지만 수도권에는 남양주와 구리, 부천, 광명, 의왕 그리고 인천 등에도 좋은 매물이 얼마든지 있습니다. 하지만 이 책에서는 제가 이미 투자했거나 관심을 두고 있는 지역의 매물만 소개했습니다. 독자 여러분께서는 제 안목이 좁아서 그런 것이려니 하시고, 이해해 주시기 바랍니다.

3

지방
주택 투자 길라잡이

지방 주택시장, 잘나가는 지역을 찾아라

2015년 주택시장은 수도권과 비수도권 모두 호황을 누렸습니다. 전국 주택의 전세가는 5.3% 상승했고, 매매가는 4.4% 상승했습니다.

얼마 전까지 부산과 대구, 울산 등 지방 주택시장은 신규 분양의 흥행에 힘입어 호황을 누렸습니다. 하지만 지방 주택시장에 난기류가 형성되고 있습니다. 2016년 5월부터 수도권에 이어 지방에서도 대출규제가 시작될 것이므로, 긴장감이 감돌고 있습니다. 지방에서도 대출규제가 시작되면 주택담보대출을 받을 때 이자만 내는 기간이 1년을 넘을 수 없고, 초기부터 원금과 이자를 모두 나눠 갚아야 합니다. 이로 인해 투자심리가 위축될 수 있습니다.

한국감정원에 따르면 지방 아파트 매매가는 줄곧 상승세를 유지하다 2016년 2월에 보합세를 나타냈고, 3월에는 하락세(-0.01%)로 돌아섰습니다. 특히 얼마 전까지 상승세를 자랑하던 대구의 하락세가 뚜렷합니다. 2016년 1월 -0.14%, 2월 -0.20%, 3월 -0.24% 등 점점 하락세가 뚜렷해지고 있습니다. 설상가상으로 대출규제까지 시작되면 지방 주택시장은 얼어붙을 수도 있습니다.

또한 최근 몇 년간 신규공급이 늘어나 2016년에는 입주 물량이 많은데, 주택시장에 악재로 작용할 수도 있습니다. 대구에서는 지방에서 가장 많은 입주 물량(2만 6,503가구)이 쏟아지고, 충남(2만 1,862가구), 경남(1만 9,537가구), 부산(1만 2,331가구) 등에서도 1만 가구 이상이 입주할 것입니다. 따라서 전세가와 매매가가 하락세로 돌아설 가능성이 큽니다.

그렇다고 해서 지방 주택시장이 마냥 어두운 것만은 아닙니다. 다른 지역이 모두 하락세로 돌아서더라도 입지와 미래가치가 뛰어나면 잘나가는 지역이 있기 때문입니다. 주택시장이 좋았던 2015년에는 입지가 다소 떨어져도 청약이 잘된 단지가 제법 있었지만 앞으로는 입지가 좋은 지역만 살아남을 것입니다. 지방에서는 잘나가는 지역과 그렇지 않은 지역의 명암이 갈릴 것 같은데, 저는 여러분에게 세종시로 안내해 드릴까 합니다.

2030년까지 개발호재가 있는 세종시 주택시장에 주목하라

2,220만 평 규모의 행정복합도시로 개발되고 있는 세종시에는

2030년까지 총사업비 22조 5천억 원이 투입될 것이고, 20만 가구의 주택이 들어설 것입니다. 세종시에는 매년 수만 명의 인구가 유입될 것이고, 점차 기반시설이 들어서면 가격 또한 꾸준히 상승할 것입니다. 2008년 금융위기 이후 수도권 아파트 매매가가 하락한 데 반해 세종시 아파트 매매가는 지속적으로 상승했습니다. 세종시 아파트의 평당 평균 분양가는 2010년 670만 원에서 2016년에는 평당 900만 원을 넘어설 전망입니다.

한국감정원에 따르면 정부세종청사가 1단계 입주를 시작한 2012년 12월 당시 세종시 아파트 1채의 평균 매매가는 1억 4,325만 원이었습니다. 당시에 전국 평균 아파트 매매가는 세종시보다 75.5% 비싼 2억 5,145만 원이었습니다. 그리고 세종시 인근에 있는 대전 아파트의 평균 매매가는 1억 9,790만 원이었고, 청주는 1억 5,420만 원, 천안은 1억 5,883만 원으로 모두 세종시보다 가격이 높았습니다.

하지만 2016년 2월 기준 세종시 아파트의 평균 매매가는 2억 761만 원으로, 2012년 12월에 비해 44.9% 올랐습니다. 같은 기간 전국 평균 상승률이 11.5%인 것을 감안하면 매우 높은 상승률입니다. 현재 세종시 아파트의 평균 매매가는 대전(2억 603만 원), 청주(1억 7,202만 원), 천안(1억 7,898만 원)보다 높아졌습니다.

지난 2년간 세종시 분양시장은 청약 미달이 단 한 차례도 없을 정도로 인기를 끌었습니다. 그로 인해 세종시 아파트 매매가는 2015년 한 해 동안 20% 가까이 올랐습니다. 국토교통부에 의하면 최근 3년간 부동산 가격 상승률이 가장 높은 곳은 바로 세종시입니다. 또한 2016년 6월부터 세종시 이외 지역의 거주자도 청약 참가가 가능해지면서 세종시 분양시장은 한층 달아오를 것입니다. 이제까지 세종시에서는 신규 아파트를 공무원에게 50%를 우선적으로 특별공급하고, 나머지 물량 50%를 세종시 주민(세종시에서 2년 이상 거주한 사람)에게만 분양했는데, 2016년 6월부터 25%의 물량을 다른 지역 거주자에게도 분양할 것이기 때문입니다. 그래서 저는 지방 주택시장에서 세종시 주택시장이 가장 유망하다고 봅니다.

하지만 얼마 전까지만 해도 세종시 아파트에 투자할 때는 한 가지 단점이 따랐습니다. 2015년 12월까지만 해도 세종시의 전세가율은 57.5%로 전국에서 전세가율이 가장 낮았습니다. 세종시의 전세가율이 낮은 이유는 아파트 공급이 많았기 때문입니다. 참고로 세종시에는 2011년에 2,242가구가 입주를 시작한 데 이어 2018년까지 연평균 9천여 가구가 공급될 예정입니다.

그런데 최근 들어 세종시의 전세가율이 높아지고 있습니다. 2015년 12월에 57.5%였던 전세가율이 불과 3개월 만인 2016년 3월에 59.3%로 높아졌습니다. 세종시 아파트의 평당 평균 전세가는 2015년 1분기 347만 원에서 2016년 1분기 505만 원으로 올랐습니다. 세종시로 이전한 정부기관 공무원들의 이주 수요뿐만 아니라 인근 지역 주민들의 이주 수요까지 늘고 있기 때문에 전세가가 높아지고 있는 것입니다.

그렇다면 세종시에서는 어떤 아파트에 투자해야 할까요?

부동산 고수들 사이에서는 "아기울음소리가 들려야 부동산 가격이 오른다"는 말이 정설로 받아들여지고 있습니다. 아기울음 소리가 나는 아파트는 젊은 층이 많은 아파트입니다. 이런 아파트 인근에는 자연히 아이들이 다닐 학교와 학원 등이 늘어날 것이고, 이에 따라 생활 편의시설도 늘 것입니다. 현재 세종시에서 초등학교가 가장 많은 지역은 1, 2생활권이고, 이 지역은 젊은 층이 가장 선호합니다. 따라서 이 지역 아파트에 투자하는 것이 좋을 듯싶습니다.

교통은 부동산 가격을 높이는 또 다른 요인입니다. 세종시처럼 개발이 진행되고 있는 지역은 앞으로 교통이 좋아지게 마련입니다. 세종시에서는 서울의 지하철 기능을 하는 BRT(간선급행버스)가 확산될 것인데, BRT뿐만 아니라 다른 지역으로 이동할 수 있는 버스터미널을 편리하게 이용할 수 있는 3생활권의 아파트들도 인기를 끌 것입니다.

1생활권에서 유망한 아파트를 찾아서

1-1생활권은 세종정부청사와 세종호수공원 등 세종시의 중심에서 다소 떨어진 외곽 지역에 위치합니다. 대신에 이 지역은 세종시에서 집값이 저렴한 편에 속하고 교육환경이 우수해 젊은 층에게 인기가 있습니다. 1-1생활권에 위치한 가락마을11단지 중흥에듀카운티아파트는 2016년 2월에 입주한 아파트입니다. 이 아파트 인근에

는 으뜸초등학교, 고운고등학교, 고운뜰공원 등이 있고, 앞으로 인근에 생활편의시설이 하나둘 늘어난다면 주거환경이 더욱 좋아질 것입니다. 이 아파트는 총 607세대인데, 전월세 거래가 활발히 이루어지고 있습니다.

이 아파트의 25평은 입주한 지 한 달 만인 2016년 3월에 전세가가 1억 4천만 원에서 1억 6천만 원으로 올랐고, 매매가가 2억 1천만 원에서 2억 1,500만 원으로 올랐습니다. 이보다 넓은 평형인 30평은 같은 기간에 전세가가 1억 5천만 원에서 1억 7천만 원으로 올랐고, 매매가가 2억 4천만 원에서 2억 4,500만 원으로 올랐습니다. 이 아파트는 젊은 층이 선호하는데, 이 아파트의 25평은 5,500만 원에 투자하실 수 있고, 30평은 7,500만 원에 투자하실 수 있습니다.

최근 몇 년 사이에 세종시의 아파트 가격은 급상승했지만 아직까지 세종시의 아파트 가격은 수도권에 비해 상당히 낮은 편입니다. 세종시에는 공공기관뿐만 아니라 협력업체들도 들어올 것이고, 세종시에 거주하는 사람들은 안정된 일자리를 보장받고 있는 중산층입니다. 이런 사람들이 사는 세종시의 아파트 가격은 앞으로 꾸준히 오를 것입니다. 1-1생활권의 아파트들 역시 향후 10년간 매매가가 연평균 10%가량 오를 듯하고, 전세가 역시 그에 못지않게 오를 듯합니다.

1-2생활권에는 세종과학예술영재학교와 세종국제고등학교 등 명문 학교들이 있습니다. 이 생활권에는 해피라움 등의 상가가 들어서서 학원과 병원, 프렌차이즈 음식점 등을 이용할 수 있으므로 1-1생

활권보다 주거환경이 좋은 편입니다. 그런 만큼 1-1생활권보다 전세가와 매매가가 다소 높게 형성되어 있습니다. 2013년 12월에 입주한 1-2생활권의 범지기마을8단지 푸르지오아파트 30평은 최근 1년 사이(2015년 4월에서 2016년 4월까지)에 전세가가 1억 2천만 원에서 1억 8천만 원으로 올랐고, 매매가가 2억 4천만 원에서 2억 7,500만 원으로 올랐습니다. 이 아파트는 9,500만 원에 투자하실 수 있습니다.

1-3생활권은 근린공원과 제천천이 있어서 쾌적한 자연환경을 갖추고 있는데, 이 생활권에서는 가재마을5단지 세종엠코타운아파트를 추천해 드리고 싶습니다. 이 아파트의 25평은 최근 1년 사이에 전세가가 1억 2,500만 원에서 1억 8천만 원으로 올랐고, 매매가가 2억 3천만 원에서 2억 6천만 원으로 올랐습니다. 또 이 아파트의 34평은 전세가가 1억 5천만 원에서 2억 2천만 원으로 올랐고, 매매가가 2억 9천만 원에서 3억 4천만 원으로 올랐습니다. 이 아파트의 25평은 8천만 원에 투자하실 수 있고, 34평은 1억 2천만 원에 투자하실 수 있습니다.

이밖에도 1-4생활권과 1-5생활권이 있는데, 저는 1-5생활권에 주목하고 있습니다. 왜냐하면 이 지역은 세종시의 핵심 지역이기 때문입니다. 세종시에서 가장 큰 도로인 가름로를 끼고 있는 1-5생활권은 세종정부청사가 위치하고 있어서 핵심업무 지역에 속합니다. 참고로 저는 1-5생활권 남쪽에 위치한 2-4생활권의 나성동 중심상권 지역에 위치한 토지를 보유하고 있습니다. 2011년에 이 지역의 중심상업용지 한 필지를 낙찰받았는데, 조만간 이 토지에 상가건물을 지어 세입자에게 임대할 계획입니다.

1-5생활권에는 이미 호수공원을 비롯해 세종국립도서관, 국립수목원 등이 자리 잡고 있습니다. 앞으로 이 지역에 여러 박물관과 역사공원 등이 새로 들어설 것이므로, 주말에는 전국에서 많은 관광객이 몰려올 수 있습니다. 1-5생활권에는 아파트가 많지 않은데, 이 생활권의 한뜰마을3단지 세종더샵레이크파크아파트는 현재 세종시에서 가장 비싼 가격을 형성하고 있습니다. 이 아파트에서는 세종호수공원을 조망할 수 있고, 세종정부청사가 가까이 있으며, 연세초등학교와 양지중학교, 양지고등학교가 인근에 있어서 교육환경도 우수합니다. 이 아파트의 33평은 최근 1년 사이에 전세가가 2억 원에서 2억 4,500만 원으로 올랐고, 매매가가 3억 6,500만 원에서 4억 원으로 올랐습니다. 이 아파트는 다소 높은 금액인 1억 5,500만 원을 투자해야 하는데, 세종시에서 잘나가는 부자들이 사는 아파트인 만큼 향후 10년 내에 지금보다 매매가가 2~3억 원 이상 오를 듯싶습니다.

1생활권과 2생활권은 강북이, 3생활권과 4생활권은 강남이 될 것이다

예로부터 물은 산과 더불어 주거환경의 가치를 드높이는 주요 요소였습니다. 현재 세종시에서 가장 비싼 아파트는 세종호수공원을 조망할 수 있는 1생활권의 한뜰마을3단지 세종더샵레이크파크아파트이

금강 이남에는 3생활권과 4생활권이 개발되고 있다.

고, 그 다음으로 비싼 아파트는 금강을 조망할 수 있는 2생활권의 첫

마을3단지 퍼스트프라임아파트입니다.

하지만 앞으로 세종시에서 가장 비싼 아파트는 금강을 조망할 수

있는 3생활권의 아파트가 될 수도 있습니다. 서울이 한강을 사이에 놓

고 강북과 강남으로 나뉘는 것처럼 세종시는 금강 이북에 위치한 1생

활권과 2생활권이 서울 강북처럼 될 것이고, 금강 이남에 위치한 3생

활권과 4생활권이 서울 강남처럼 될 것 같습니다. 그리고 금강을 조망

할 수 있는 3생활권의 아파트들이 큰 인기를 끌 듯합니다.

현재 세종시는 금강 이북의 1생활권과 2생활권부터 개발되고 있습니다. 서울에서 강북이 먼저 개발되고 이후에 강남이 개발된 것처럼 금강 이남에 위치한 세종시의 3생활권과 4생활권은 뒤늦게 개발되고 있습니다. 그래서 저는 세종시에서 3생활권, 그것도 금강을 조망할 수 있는 아파트들을 눈여겨보고 있습니다.

세종시의 3생활권은 서울의 지하철 기능을 하는 BRT(간선급행버스)가 전 지역을 관통하고, 고속버스터미널이 있어서 세종시에서 교통 요충지가 될 것입니다. 또 여러 학교와 국책 연구기관이 들어설 것이고, 인근 4생활권에는 국내외 대학들이 캠퍼스를 유치할 예정입니다. 3생활권에는 세종시청과 교육청, 경찰서, 법원과 검찰청 등 주요 관공서가 들어서고, 금강과 접하고 있는 이점을 살려 대규모의 수변공원이 조성될 것입니다.

이처럼 3생활권은 서울 강남처럼 세종시의 강남으로 개발될 듯싶은데, 이곳에 아파트를 신규 분양하는 대형 건설사들은 서울 강남에서 선보인 아파트의 이름을 그대로 옮겨 붙이고 있기도 합니다. 대림산업은 서울 서초구 반포동의 랜드마크로 떠오르고 있는 반포 아크로 리버파크의 명성을 세종시에서 그대로 이어간다는 취지에서 2015년 12월에 분양한 3생활권 아파트의 이름을 e편한세상 세종리버파크로 정했습니다. 이 아파트는 특별공급을 제외한 319가구를 분양했는데, 1만 5,274명이 몰리면서 182대 1의 경쟁률로 2015년 세종시 최고 청약경쟁률을 기록했습니다.

e편한세상 세종리버파크아파트는 세종시 3-1생활권 해들마을에 들어서게 됩니다. 이 아파트의 38.9평형은 평당 834만~920만 원에 분양되었는데, 2016년 12월 22일부터 분양권 거래가 가능합니다. 이 아파트는 2018년 6월에 입주할 예정인데, 그때까지 분양권에 프리미엄이 얼마나 붙을지가 관건입니다. 저는 이 아파트의 분양권을 사들일까 고민 중입니다. 이 아파트는 장기적으로 볼 때 수도권 아파트보다 높은 수익률을 기대할 수 있기 때문입니다.

3생활권에서는 중흥토건이 총 890가구 규모로 건설하는 중흥S클래스 에듀마크도 관심을 가질 만합니다. 이 아파트는 2016년 4월에 특별공급을 제외한 555가구를 분양했는데, 9,344명이 몰려 평균 16.83대 1의 경쟁률을 기록했습니다. 이 아파트는 2018년 8월에 입주할 예정인데, 분양권전매가 허용되는 2017년 4월이 되면 프리미엄이 붙을 것 같습니다.

3생활권은 아파트뿐만 아니라 상가의 분양가도 높은 편입니다. 최근 1, 2생활권에 공급되는 1층 상가의 평당 분양가는 2천만 원 후반대인데, 3생활권에서 상가 분양가는 평당 3천만 원대 이상입니다. 그만큼 3생활권의 전망은 밝습니다.

1~2억 원대로 투자 가능한 지방 다가구주택을 찾아서

우선 여러분에게 양해를 구하고 싶습니다. 세종시뿐만 아니라 다른 지역의 주택에도 관심 있으신 분들이 많으실 텐데, 제 식견이 부족한 관계로 다른 지역의 매물들을 섣불리 추천해 드리기가 곤란합니다. 대신에 1~2억 원대로 투자 가능한 지방 다가구주택을 소개해 드리는 것을 끝으로, 제2장을 마칠까 합니다.

여러분은 다세대주택과 다가구주택의 차이에 대해서는 알고 계신가요? 다세대주택은 빌라 같은 주택을 말합니다. 예를 들어 101호, 102호 등 세대마다 각각의 주인이 있는 주택입니다. 반면에 다가구주택은 여러 가구가 거주하지만 주택의 소유주가 1명인 주택입니다. 다가구주택은 연면적 $660m^3$ 미만으로 짓곤 하는데, 지은 지 5년 이내의 다가구주택은 싱크대와 붙박이장, 냉장고와 세탁기 등을 갖추어서 젊은 세입자들에게 인기 있습니다.

그런데 잘만 찾아보면 구미와 당진 등의 지방에서는 대출을 활용한다면 1~2억 원대로 투자해 10% 이상의 임대 수익률을 올릴 수 있는 다가구주택들이 있습니다. 그럼, 은행대출을 활용하면 왜 좋은지 알아볼까요?

지금 같은 저금리 시대에는 은행대출을 활용하면 3가지 장점이 있습니다.

<u>1. 수익률을 높일 수 있습니다.</u> 2016년 4월 현재 기준금리는 1.5%이고 은행에 대출받을 경우 이자율은 4% 이내입니다. 그런데 은행대출을 받고 투자한다면 그렇지 않은 경우보다 더 높은 수익률을 올릴 수 있습니다.

예를 들어, 다가구주택의 매매가가 5억 원, 보증금이 1억 원, 월세수입이 250만 원이라고 합시다. 은행대출을 이용하지 않고 매매한다면, 매매가 5억 원에서 보증금 1억 원을 빼면 총투자비용으로 4억 원이 듭니다. 월세수입은 250만 원이니, 이 월수입을 연수입으로 계산하면 3천만 원입니다. 4억 원 투자로 연간 3천만 원을 얻을 수 있으니, 연수익률은 약 7.5%입니다.

반면에 은행대출 2억 원을 4%의 금리로 대출받아 매매한다면, 매매가 5억 원에서 보증금 1억 원과 은행대출 2억 원을 빼면 총투자비용으로 2억 원이 듭니다. 2억 원 투자로 3천만 원의 연수입을 얻을 수 있는데, 3천만 원에서 연간 이자비용 800만 원을 빼면 실소득은 2,200만 원입니다. 2억 원 투자로 1년에 2,200만 원의 실소득을 얻을 수 있으니, 연수익률은 약 11%입니다.

그런데 은행대출을 많이 받으면 받을수록 수익률이 높아지기는 하지만 기준금리가 높아지거나 경기가 악화된다면 위험이 따를 수도 있습니다. 따라서 은행대출은 매매가의 50% 이하 수준으로 활용하는 것이 좋습니다.

<u>2. 실제투자금을 줄일 수 있습니다.</u> 5억 원짜리 다가구주택을 은행

부동산 수익률의 제왕

대출을 받고 투자하면 실제투자금을 줄일 수 있습니다. 투자자 입장에서 투자비용을 줄일 수 있다면 또 다른 투자기회를 얻을 수도 있습니다.

3. 환금성이 좋아집니다. 다가구주택을 매도시에 대출이 끼어 있는 것이 오히려 매도하는 데 유리합니다. 왜냐하면 매수자 입장에서 투자비용이 줄어들기 때문입니다. 투자비용이 많이 들지 않는다면 매수 수요가 증가합니다. 따라서 매도하기가 수월해집니다.

이처럼 은행대출을 활용해 다가구주택에 투자한다면 매달 꼬박꼬박 돈이 들어오는 시스템을 만들 수 있는데, 구미와 당진 등에서는 모두 그런 것은 아니지만 입지가 좋은 곳은 1~2인 가구의 주택 수요가 많습니다. 이들 1~2인 가구는 아파트보다 임대료가 저렴한 데다 직장과 가까운 곳에 위치한 다가구주택을 선호합니다.

구미에는 구미산업단지가 있는데, 이 산업단지에는 삼성과 LG, 코오롱 등의 대기업이 자리 잡고 있습니다. 구미산업단지는 2020년까지 5단지로 확장되고 있으며, 이들 기업에 종사하는 근로자들은 대부분 20대이기 때문에 다가구주택 수요가 많습니다. 구미에서는 원룸이 여러 개가 있는 다가구주택에 투자하는 것이 유리합니다. 구미에서 원룸은 보통 보증금 200만 원에 월세 25만 원 정도합니다. 구미산업단지 인근의 다가구주택은 대개 원룸 15개 내외 또는 원룸과 투룸이 혼합된 형태로 구성되어 있습니다.

구미 지역에서는 구미산업단지 1단지와 가까우면서 구미 시내와도 가까운 신평동, 새롭게 변모하고 있는 3단지 인근의 중리 지역에 위치한 기존 다가구주택이 유망해 보입니다. 참고로 칠곡군 석적읍 중리 지역은 지금도 개발이 진행 중인 곳이므로 지가 상승도 기대할 수 있습니다. 구미 지역에서 다가구주택은 대개 5억~8억의 매매가로 거래됩니다. 그리고 구미 지역에서 은행대출을 활용해 다가구주택에 투자해 얻을 수 있는 수익률은 10% 내외입니다.

그런데 이제 막 지은 신축 다가구주택보다는 세입자들이 모두 입주해 있는 기존 다가구주택, 기왕이면 지은 지 1년 이내의 다가구주택에 투자하는 것이 좋습니다. 왜냐하면 신축 다가구주택은 멋져 보이기는 합니다만 세입자들이 모두 살고 있지 않는 경우가 있기 때문입니다. 건축업자와 현지 부동산 중개업자가 물정 모르는 외지의 투자자에게 신축 다가구주택을 팔아넘기려고 "이 매물을 매수하면 세입자는 제가 알아서 구해 드리겠습니다"라고 말하는 경우가 종종 있는데, 그 말에 현혹되어 매수하고 나서 공실이 생길 수도 있습니다.

이러한 위험을 피해 지은 지 1년 이내의 다가구주택을 발견하셨다면 임대 수익률을 꼼꼼히 따져보시기 바랍니다. 왜냐하면 지방 다가구주택은 수도권과 달리 건물의 시세차익으로는 수익을 기대하기 힘들고, 임대 수익이 얼마나 나오는지가 중요하기 때문입니다.

예를 들어, 2015년에 지은 다가구주택이 6억 원에 매물로 나왔다고 합시다. 이 매물에는 원룸 10가구와 투룸 3가구가 있습니다. 원룸

하나당 보증금 200만 원에 월세 25만 원을 받는다고 칩시다. 원룸의 총보증금은 2천만 원이고, 총월세는 250만 원이 들어올 것입니다. 또 투룸 3가구는 5천만 원씩 전세를 놓고 있다고 합시다. 투룸의 총보증금은 1억 5천만 원입니다.

이 매물에 융자가 2억 5천만 원(이자율 4%)이 끼어 있다면, 융자 2억 5천만 원과 보증금 1억 7천만 원(월세보증금 2천만 원+전세보증금 1억 5천만 원)을 더하면 4억 2천만 원이 됩니다. 매매가 6억 원에서 4억 2천만 원을 빼면 총투자비용으로 1억 8천만 원이 듭니다. 총월세 250만 원을 연수입으로 계산하면 3천만 원입니다. 이 연수입 3천만 원에서 연간 은행이자 1천만 원을 빼면 실제 연수입은 2천만 원입니다. 1억 8천만 원 투자로 연간 2천만 원을 얻을 수 있으니, 연수익률은 약 11%입니다. 물론 부동산 취등록세와 기타비용, 공실이 발생할 경우 등까지 포함시킨다면 실제수익률은 이보다 3~5%가량 낮아질 수 있습니다. 그렇더라도 제법 높은 수익률을 올릴 수 있습니다.

자, 이제 당진으로 가봅시다. 2012년에 당진은 당진군에서 당진시로 승격했는데, 석문국가산업단지, 부곡산업단지 등에 여러 기업이 입주해 2030년까지 인구가 50만 명으로 늘어날 전망입니다. 당진에서는 인구가 지속적으로 늘어나는 만큼 다가구주택의 임대 수요가 많은 편입니다. 당진 지역의 다가구주택은 대부분 최근 1~2년 사이에 지어진 것들이 많은데, 잘만 찾아보면 좋은 매물을 찾을 수 있습니다.

당진에서는 석문국가산업단지 인근 석문면 지역의 다가구주택이 유망해 보입니다. 당진은 2030년까지 산업단지가 확장되고 인구 또한 크게 늘기 때문에 임대수익뿐만 아니라 지가 상승 또한 기대할 수 있는 지역입니다. 그래서 저는 몇 년 전에 당진군 송산면 지역의 토지를 매수해 최근에 다가구주택 3채를 지었습니다. 그리고 이들 다가구주택 3채에서 매달 1천만 원 이상의 임대수입을 얻고 있습니다.

당진 지역의 다가구주택은 대개 원룸 15개 내외 또는 원룸과 투룸이 혼합된 형태로 이루어져 있는데, 8억~10억 원의 매매가로 거래됩니다. 당진에서 원룸의 보증금은 300만 원이고 월세는 30만 원입니다. 그리고 전세는 3,000~3,500만 원입니다.

예를 들어, 2015년에 지은 다가구주택이 8억 5천만 원에 매물로 나왔다고 합시다. 이 매물에는 원룸 16가구가 있습니다. 13가구는 보증금 300만 원과 월세 30만 원씩 받고 임대하고, 3가구는 3,500만 원씩 받고 전세로 임대한 상태라고 칩시다. 원룸의 총보증금은 1억 4,400만 원(원룸 13가구 월세보증금 3,900만 원+원룸 3가구 전세보증금 1억 500만 원)이고 총월세는 390만 원이 들어올 것입니다. 이 매물에 융자가 4억 원(이자율 4%) 끼어 있다면, 융자 4억 원과 보증금 1억 4,400만 원을 더하면 5억 4,400만 원이 됩니다. 매매가 8억 5천만 원에서 5억 4,400만 원을 빼면 총투자비용으로 3억 600만 원이 듭니다. 총월세 390만 원을 연수입으로 계산하면 4,680만 원입니다. 이 연수입 4,680만 원에서 연간 은행이자 1,600만 원을 빼면 실제 연수입은 3,080만 원입니다. 3억 600만 원 투자로 연간 3,080만 원을 얻을 수 있으니, 연수익률은 약 10%입니다.

이처럼 지방의 수익형부동산에 잘만 투자하면 평균 7% 내외의 수익률을 보장하는 수도권의 수익형부동산보다 높은 수익률을 올릴 수도 있는데, 지방의 다가구주택에 투자할 때는 몇 가지 유념해야 할 점이 있습니다. 서울의 경우에는 다가구주택 등이 새로 들어설 만한 토지가 거의 남아 있지 않아서 공급이 제한되어 있지만 지방에서는 산업단지와 다소 떨어진 외진 곳의 토지를 싼 가격에 매수해 다가구주택을 짓는 사례가 많기 때문에 공급과잉이 될 수도 있습니다.

또 지방의 다가구주택은 건물과 토지 등에서 시세차익을 노리는 데한계가 있습니다. 서울의 경우 다가구주택은 도심 주변에 위치한 경우가 많아서 도심 및 역세권 개발 사업의 수혜를 얻을 수 있지만 지방의 경우에는 여의치 않을 것입니다. 따라서 임대수요뿐만 아니라 토지 가격이 상승할 수 있는지도 살펴야 합니다.

뿐만 아니라 지방에 거주하지 않는 투자자라면 건물을 관리하는 것도 문제입니다. 다행히 최근에는 현지의 주택관리업체에 매월 10만 원 내외의 관리비용을 지불하고 맡기는 경우가 많으니, 좋은 업체를 물색해 보시기 바랍니다.

다가구주택에 투자할 때는 인근에 산업단지 등이 어느 정도 자리를 잡고 나서 투자해야 하고, 인근에 이미 임대 수요에 비해 많은 다가구주택이 들어섰다면 투자하지 말아야 합니다. 다가구주택에 공실이 생기면 기대 이하의 수익률이 생길 수 있기 때문입니다. 참고로 다가구주택은 지은 지 10년 이상 경과하면 세입자들이 선호하지 않아서 공실이 발생할 확률이 높아집니다. 그래서 10년 이상 경과한 다가구주택이 싼 가격에 매물로 나오는 경우가 있는데, 이런 매물은 피하는 것이 좋습니다.

마지막으로 다가구주택에 투자할 때는 공실도 감안해야 합니다. 세입자가 나가자마자 새로운 세입자가 바로 들어오면 좋겠지만 그렇지 않은 경우도 간혹 발생할 수 있습니다. 이때 이전의 세입자에게 보증금을 반환해 주어야 하는데, 새로운 세입자가 들어오지 않아서 공실이 생길 경우에 대비해 어느 정도의 여유자금을 확보해야 합니다. 여유자금은 전체 보증금의 20~30% 정도를 확보하는 것이 안전합니다.

3장

토지로
대박수익률
올리기

1
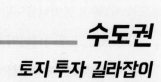

수도권
토지 투자 길라잡이

땅은 세상에서 가장 수익률이 높은 적금통장이다

　앞에서 우리는 어떻게 하면 주택에 투자해 높은 수익률을 올릴 수 있는지 알아보았습니다. 서울 및 경기도의 경우 1억 원 이내의 소자본으로 투자하려 한다면 신규분양 아파트보다는 입지가 좋고 전세가율이 높은 기존 아파트에 투자하는 것이 유리하고, 매달 꼬박꼬박 수입이 들어오는 수익형부동산의 경우에는 구미와 당진 등의 지방 다가구주택이 수도권의 다가구주택보다 소자본으로 투자하는 데 유리하다는 것을 살펴보았습니다.

　그런데 이보다 더 높은 수익률을 올릴 수 있는 투자처가 있습니다. 바로 토지입니다. 한국은행에 따르면, 우리나라의 지가는 경제 개발이 본격화된 1960년대 이후 약 50년간 3,030배 증가했습니다. 우리나라의 지가 총액은 1964년 1조 9,300억 원에서 2013년 5,848조 원으로 3,030배 늘어났습니다.

지난 50년간 우리나라의 지가는 천문학적으로 상승했는데, 그래서 저는 땅이야말로 세상에서 가장 수익률 높은 적금통장이라고 생각합니다. 물론 지금은 과거에 비해 지가가 많이 오르고 있지는 않지만 아직도 잘만 찾아보면 좋은 땅은 얼마든지 있습니다. 미래가치가 뛰어난 땅은 매수하고 나서 얼마간의 시간이 흐르면 높은 수익률을 보장해 줍니다.

지금 이 순간에도 전국의 지가는 상승하고 있는데, 국토교통부에 따르면 2015년 전국 평균 지가 상승률은 4.47%였습니다. 하지만 이는 어디까지나 평균치일 뿐, 인기 지역인 세종시와 제주의 경우 두 자릿수의 상승률을 기록했습니다. 서귀포시는 19.63%, 제주시는 19.15%, 세종시는 12.90% 상승했습니다. 또 이 수치 역시 시 전체의 평균치일 뿐, 몇몇 토지는 1년 사이에 서너 배 이상 오르기도 했습니다.

그래서일까요? 많은 사람들이 주위의 지인이 "세종시 또는 제주도의 땅을 사서 쏠쏠한 재미를 보았다"고 하면 '친구 따라 강남 간다'고, "나한테도 좋은 땅을 소개해 달라"고 졸라대곤 합니다.

하지만 토지 투자는 주택 투자에 비해 보다 전문적인 지식이 필요하고, 토지 관련 지식을 스스로 쌓아야 합니다. "이 땅을 사놓기만 하면 1년 후에 지금보다 두 배는 오를 것이고, 이 매물은 매우 싸게 나온 것"이라는 지인의 말만 믿고 무턱대고 투자해서는 안 됩니다. 최소한 시세 파악을 정확히 할 줄 알아야 하고, 해당 매물의 미래가치도 헤아릴 줄 알아야 합니다.

또 일단 매수한 후에는 단기적인 시세차익을 노리고 되파는 것보다 장기적으로 보유하는 것이 유리합니다. 토지 투자는 인내와의 싸움입니다. 조급한 마음으로 토지에 투자해서면 안 됩니다. 주택에 비해 토지는 장기적인 관점을 갖고 투자해야 좋은 결실을 거둘 수 있습니다.

토지 투자는 분명 주택 투자보다 높은 수익률을 보장해 줄 수도 있지만 잘못 투자하면 많은 자금이 토지에 묶인 채 낭패를 볼 수도 있습니다. 자, 그럼 이제부터 수도권 토지부터 알아보기로 합시다.

서울 시내에서는 미래가치가 뛰어난 지역의 노후 주택을 매수하라

우리나라의 수도인 서울은 우리나라에서 지가가 가장 높습니다. 서울의 땅은 크게 상업 지역과 주거 지역으로 나뉘는데, 일반적으로 상업 지역이 주거 지역보다 지가 상승률이 높습니다.

강남 지역을 예로 들어볼까요? 2015년 기준 강남 대로변 상업 지역의 지가는 평당 1억 1,019만 원인데, 강남 상업 지역의 평균 거래가는 2012년 147억 원에서 2015년 217억 원으로 48% 상승했습니다.

그런데 거래량으로 따진다면 2종주거지역의 토지가 상업 지역의 토지보다 더 많이 거래되었습니다. 강남 상업 지역 토지의 거래량은 2012년 26건에서 2015년 32건으로 23% 증가한 반면, 강남 2종주거지역 토지의 거래량은 2012년 138건에서 2015년 277건으로 100%

이상 증가했습니다.

이러한 현상이 나타난 이유는 강남의 2종주거지역에 가보시면 알 수 있습니다. 지금 강남에서는 얼마 전까지 노후 주택 또는 낡은 꼬마빌딩 등이 있던 자리에 새로 지은 상가주택과 다가구주택 등이 들어서는 것을 심심치 않게 볼 수 있습니다. 헌 건물을 새 건물로 변신시키는 투자자들이 늘고 있기 때문에 2종주거지역의 지가도 오르고 있습니다.

그렇다면 투자자들은 왜 단독주택 혹은 꼬마빌딩을 사들이는 걸까요? 현재 서울 시내에서 지상에 건축물이 없는 나대지 상태의 토지, 개발 가능한 토지를 구하기는 어렵습니다. 현재 서울 시내 토지 중 약 5%만 개발 가능한 토지인데, 이 토지들은 이미 부자들이 갖고 있습니다. 물론 서울시에는 개발제한구역의 토지도 상당수 있지만 그린벨트 해제만 기다리고 투자하다가는 낭패를 볼 수도 있습니다. 이처럼 서울에서 개발 가능한 토지를 구하기가 어려워지자 오래된 단독주택이나 꼬마빌딩을 사들이는 사람들이 많은 것입니다.

이렇게 사들인 기존 건물을 포함한 토지에는 새 건물이 들어서는데, 새 건물이 완공되는 순간 자산가치를 높일 수 있습니다. 제2장에서 말씀드린 바 있지만 제 경우에는 2009년에 가로수길 인근의 대지 면적 80평짜리 낡은 단독주택 한 채를 25억 원에 매수했습니다. 그러고 나서 2년 후 이 단독주택 주위로 신축 또는 리모델링한 건물들이 하나둘 들어서기 시작하자, 이 단독주택을 허물고 약 7억 원의 공

사비용(건축 인허가 및 부대비용 포함)을 들여 지하 1층~지상 4층 규모의
신축빌딩을 지었습니다.

현재 이 빌딩의 가격은 세로수길 상권의 발달에 힘입어 80억 원을
호가합니다. 처음에 주택을 구입한 비용으로 25억 원을 들였고, 이후
공사비용으로 7억 원을 들였으니, 32억 원을 투자해 48억 원을 벌어
들인 셈입니다. 참고로 저는 이 빌딩에서 매월 2천만 원 이상의 임대
수익도 올리고 있습니다.

그렇다면 서울에서는 어느 지역에 투자하는 것이 좋을까요? 우선
2030서울도시기본계획부터 살펴봐야 합니다. 앞으로 서울시는 2030
서울도시기본계획에 따라 개발이 이루어지기 때문입니다. 이 계획에
따라 서울은 2030년까지 1,020만 명의 도시가 될 것이고, 서울의 생
활권은 크게 도심권 · 서북권 · 동북권 · 서남권 · 동남권 등 5개 생활
권으로 나뉘는데, 3도심 · 7광역중심 · 12지역중심으로 개발됩니다.

우선 서울의 도심인 3도심은 한양도성(기존 사대문 내 도심)과 영등
포 · 여의도, 강남이 될 것입니다. 한양도성은 서울의 역사도심이자
경제와 행정의 중심지가 될 것이고, 영등포 · 여의도는 국제금융의 중
심지, 강남은 국제업무의 중심지가 될 것입니다.

서울의 부심이라 할 수 있는 7광역중심은 3도심의 기능을 보완하
면서, 업무, 상업, 문화, 관광, 연구개발, 첨단산업 분야 등에서 특화된
고용기반을 창출하는 지역이 될 것입니다. 7광역중심은 용산(도심권),
청량리 · 왕십리(동북권), 창동 · 상계(동북권), 상암 · 수색(서북권), 마곡

(서남권), 가산 · 대림(서남권), 잠실(동남권)입니다.

12지역중심은 지역 특성을 바탕으로 한 생활권별 자족성을 강화하고 삶의 질을 향상시키는 지역이 될 것입니다. 12지역중심은 동대문(도심권), 망우(동북권), 미아(동북권), 성수(동북권), 신촌(서북권), 마포 · 공덕(서북권), 연신내 · 불광(서북권), 목동(서남권), 봉천(서남권), 사당 · 이수(서남권), 수서 · 문정(동남권), 천호 · 길동(동남권)입니다.

서울의 3도심이 될 한양도성과 영등포 · 여의도, 강남은 이미 서울

2030서울도시기본계획

서울은 2030년까지 3도심 · 7광역중심 · 12지역중심으로 개발된다.

에서 지가가 가장 높은 지역입니다. 이 지역들은 앞으로도 서울에서 가장 잘나가는 지역이 될 것이고, 이 지역의 오래된 단독주택이나 꼬마빌딩 등에 투자하신다면 좋을 것입니다. 하지만 이 지역의 2종주거지역의 지가는 대개 평당 5천만 원 이상입니다. 어느 정도 투자 여력이 있는 분들만 투자하실 것을 권합니다.

7광역중심 중에서는 용산이 가장 유망해 보입니다. 용산에는 역사문화 도심의 특성상 새로운 고층빌딩이 들어서기 어려운 한양도성 도심을 대신해 고층빌딩이 들어설 것입니다. 용산의 대로변에는 고층의 상업 및 업무시설이 들어설 것이고, 이 지역의 2종주거지역에는 오래된 주택들이 많은데, 대로변의 저층빌딩이나 2종주거지역의 단독주택 등에 투자하시는 것이 좋을 것입니다.

아울러 청량리 · 왕십리와 가산 · 대림, 창동 · 상계, 잠실에서도 대로변의 저층빌딩이나 2종주거지역의 단독주택 등에 투자하시는 것이 좋습니다. 또한 상암 · 수색과 마곡에서는 대규모 택지개발지구에 아파트와 오피스텔, 업무시설 등이 들어서고 있는데, 이 택지개발지구 인근의 부동산에 투자하시는 것이 좋습니다.

12지역중심 중에서는 패션산업의 중심지가 될 동대문과 젊은이의 중심지인 홍대 상권을 포함하고 있는 신촌을 눈여겨보시기 바랍니다. 이 지역의 노후된 빌딩과 단독주택에 투자하시면 높은 수익률을 올릴 수 있습니다.

그런데 서울 시내에 투자하실 때는 주의할 점이 있습니다. 우선 주변 입지를 잘 살펴야 합니다. 예를 들어 역세권의 상업 지역과 가까운 곳에 위치한 다가구주택이라고 해서 마냥 좋은 것은 아닙니다. 주변에 유흥시설 등이 있으면 임대료가 낮아질 수도 있습니다. 모든 부동산은 반드시 입지를 확인한 후 매수해야 하는데, 다가구주택을 매수할 때도 학군과 교통, 생활편의시설 등을 살펴야 합니다.

또 투자 목적에 따라 방법을 달리해야 합니다. 재개발을 노리고 단독주택이나 다가구주택을 매입하려 한다면 주변에 필로티주차장을 갖춘 신축 다가구주택이 많다고 해서 전망이 밝은 것은 아닙니다. 새로 지은 건물이 많으면 보상금 문제로 재개발이 쉽게 이루어지지 않을 수도 있습니다. 만약 재개발을 노리고 낡은 단독주택이나 다가구주택을 매입하려 한다면 대지지분이 많은지를 우선적으로 고려해야 합니다. 그리고 재개발을 앞두고 있는 지역에서 높은 임대료를 받기 위해 다가구주택을 리모델링하거나 신축한다면 오히려 손해 볼 수도 있습니다.

아파트와 달리 다가구주택은 가구마다 각각의 방이 있으므로 건물의 외관뿐만 아니라 내부도 신경 써서 살펴야 합니다. 만약 외벽이나 화장실 등이 문제가 있다면 뜻밖의 수리비가 들 수밖에 없습니다.

마지막으로 해당 지역의 임대 수요와 임대료 수준을 정확히 알아야 합니다. 공실률이 얼마인지 따져야 하고, 인근 다가구주택의 임대료가 얼마인지도 고려해야 합니다.

자, 그럼 이제부터 서울 시내에서 벗어나 건물을 포함하고 있지 않

부동산 수익률의 제왕

은 순수한 토지, 향후 개발호재가 있어서 서울 시내에 투자할 때보다 더 높은 수익률을 올릴 수 있는 수도권의 토지들을 살펴봅시다. 그전에 우선 서울 이외 지역의 토지 가격을 상승시키는 요인에 대해 알아보기로 하지요.

서울 이외 지역의 토지 가격을 상승시키는 4가지 요인

서울 이외 지역의 토지 가격을 상승시키는 요인으로는 4가지가 있습니다.

첫 번째 요인은 교통입니다. 교통이 좋아지면 유동인구가 늘어나고, 유동인구가 늘어나면 그 지역의 부동산 가치가 향상됩니다.

2016년 2월 3일 국토교통부는 제3차 국가철도망구축계획안을 발표했습니다. 이에 따라 10년간 32개 철도 1,573km 구간이 신설됩니다. 이에 따라 최근 수혜 지역으로 떠오른 지역의 부동산 가격이 상승하고 있습니다. 그런데 이 계획안에서 가장 눈에 띄는 것은 GTX 노선입니다.

수도권에 놓이는 철도라고 해서 모두 똑같은 것은 아닙니다. 전철은 지상철보다는 지하철, 경전철보다는 중전철, 강북권보다는 강남권을 경유하는 노선, 버스나 택시보다 속도가 빠른 것 등이 파급효과가 큽니다.

그런데 지하철이면서 강남권을 경유하고 버스나 택시보다 빠른 교통수단이 있습니다. 바로 GTX입니다. GTX는 경기도 북부에서 경기도 남부까지 30분대에 도달하도록 해주는 획기적인 교통수단입니다. 지하 40미터에서 시속 140~230km의 속도로 고속운행하는 GTX는 수도권에서 가장 파급력이 큰 교통수단이 될 것입니다. GTX A노선은 삼성에서 일산을 거쳐 파주 운정까지, B노선은 청량리에서 인천 송도, C노선은 금정에서 의정부까지 운행될 예정입니다. 현재 GTX노선은 A, B, C 세 노선이 추진 중인데, 제 생각으로는 A노선이 가장 빨리 개발될 것 같습니다. B, C노선은 아무래도 시간이 좀 더

수도권 GTX노선도

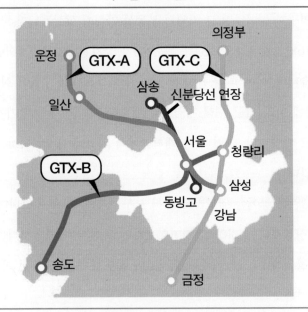

걸릴 듯합니다.

GTX에 이어 파급력이 큰 또 다른 철도는 강남을 경유하는 신분당선입니다. 제3차 국가철도망구축계획안에 따라 신분당선은 호매실-봉담, 동빙고-삼송 구간이 연장된다고 합니다. 또 원종홍대선(원종-홍대입구)과 위례과천선(복정-경마공원), 도봉산포천선(도봉산-포천), 3호선 연장(대화-운정)도 제3차 국가철도망구축계획안에 포함되었습니다.

이처럼 수도권은 새로 들어서는 철도에 따라 부동산 가격이 오를 것으로 예상되는데, 지금부터 10년 후까지 철도공사가 착공되고 완공되어감에 따라 수혜 지역의 부동산 가격이 오를 듯싶습니다.

서울 이외 수도권에서는 철도뿐만 아니라 새로 놓이는 제2외곽순환고속도로와 제3경인고속도로도 눈여겨봐야 합니다. 이 도로 인근의 토지는 다른 토지보다 가격이 더 많이 상승할 수 있습니다.

두 번째 요인은 신도시입니다. 수도권의 신도시들은 대개 공시지가가 높은 대지보다는 농지와 임야가 많은 지역에 건설되는데, 정부에서 보상금 부담을 줄이기 위해 그런 것입니다. 여하튼 신도시 개발로 토지가 수용되면 이곳의 원주민들은 정부로부터 공시지가보다 약간 높은 수준의 보상금을 받고 떠나야 합니다.

이처럼 한때는 시골이었던 곳이 신도시로 개발되면 아파트와 빌딩 등이 들어서고, 전철역과 도로가 새로 놓이게 됩니다. 그리고 신도시 인근의 지가 또한 상승합니다. 따라서 이런 곳의 토지를 보유한 사람은 신도시가 개발되어 보상금을 받고 떠나야 하는 원주민보다 더 큰 재미를 볼 수 있습니다.

세 번째 요인은 개발단계입니다. 전답과 임야가 대부분이었던 곳이 신도시나 산업단지 등으로 개발되면 인근 지역의 지가가 오릅니다. 이때 지가는 개발단계에 따라 단계별로 상승합니다. 우선 정부에서 개발계획을 확정하면 지가가 1단계로 오릅니다. 그리고 착공이 시작되면 지가는 2단계로 오릅니다. 마지막으로 개발이 완료되면 3단계로 오릅니다. 지역에 따라 편차가 있겠지만 이후에는 지가가 크게 상승하지는 않습니다.

그런데 정부의 개발계획만 믿고 투자했다가 낭패를 보는 경우도 있습니다. 우리가 보는 신문에는 상당수의 부동산개발 관련 기사가 실려 있는데, 신문에 실린 기사라고 해서 무조건 믿어서는 안 됩니다. 예를 들어 "A지역에 그린벨트가 해제되고, 신도시가 개발될 예정이다"라는 내용의 기사의 아래쪽에는 부동산 상담을 위한 연락처가 기재되어 있습니다. 이 연락처는 대개 기획부동산의 것인데, 그들의 말이 옳을 수도 있지만 그를 수도 있습니다. 따라서 그 말에 현혹되어 섣불리 투자하지 마시고, 이 개발계획과 관련된 지자체와 국토교통부 등에 문의하신 뒤 매수 여부를 결정하십시오.

네 번째 요인은 수요입니다. 다른 사람이 보기에는 그렇지 않지만 자신의 눈에만 쏙 드는 토지는 가치가 떨어집니다. 마찬가지로 자신의 눈에는 쏙 들지 않지만 다른 사람이 선호하는 땅은 가치가 높아집니다. 최근 들어 세종시와 제주도의 지가가 상승한 것은 수요가 많기 때문입니다. 토지는 객관적인 눈으로 바라볼 줄 알아야 하는데, 다른 사람들이 얼마나 선호하는지에 따라 지가가 달라집니다.

판교에서는 대장동 인근 토지를 선점하라

앞에서 우리는 신도시나 산업단지가 새로 들어서면 인근 지역의 지가가 상승한다는 것을 알아보았습니다.

그런데 최근 신분당선 연장선이 개통되어 인기를 얻고 있는 판교 지역은 지금도 개발이 진행되고 있습니다. 제2판교테크노밸리는 2019년에 43만㎡ 규모로 완공될 예정인데 1,600여 첨단기업과 10만 명이 근무하는 한국형 실리콘밸리로 조성될 예정입니다. 제2판교테크노밸리에는 삼성물산 건설부문이 판교 알파돔시티로 이주하기로 했는데, 삼성물산 이주 직원은 3천여 명에 이를 것으로 예상됩니다.

그리고 남판교로 불리는 대장동 일대의 91만 2,868㎡의 대장지구에는 6천여 가구의 주택이 들어설 계획입니다. 대장지구는 판교에서 마지막 노른자위 땅으로 통할 만큼 주거환경도 쾌적하고, 용인-서울 고속도로가 근처에 있어서 서울 강남까지 가는 데 30분도 채 걸리지 않습니다. 그래서 판교에서 마지막 노른자위 땅으로 통하는 곳입니다.

하지만 지난 10년간 대장동 일대 개발사업은 지체되었습니다. 대장동 일대는 2003년에 취락지구 개선사업 대상지로 선정된 후 지가가 크게 오르기 시작했지만, LH가 2005년 초에 7천여 가구로 들어서는 개발계획을 사전에 유출해 투기 문제가 불거져 그해 7월에 국토해양부가 이 지역을 개발행위제한 지역으로 지정했습니다. 이후 이 지역은 5년간 개발되지 못했는데, 2010년 6월에 LH가 문어발식 개발로 120조 원의 부채를 떠안게 되자 대장지구 개발사업을 포기하게 되었습니다.

이처럼 또다시 몇 년간 개발이 미뤄지고 있다가 2012년 6월에 성남시는 신흥동 제1공단 부지와 대장동 일대를 결합해 개발을 추진하기로 했습니다. 그러기 위해서 성남시는 금융사들로 이루어진 SPC(Special Purpose Company)를 설립했는데, 이 또한 말썽을 빚었습니다.

다행히 최근 들어 대장동 일대의 개발사업이 활발히 추진되기 시작했습니다. 2016년 2월에 성남시는 1조 1,500억 원의 자금을 투입해 대장동 일대를 개발하겠다고 발표했습니다. 그중 원주민 토지보상비로 7,300억 원, 토지조성비로 970억 원을 책정했습니다.

앞으로 대장동 일대의 개발사업은 예전과 달리 활기를 띨 것입니다. 2016년 내에 원주민들에게 토지보상을 마친 뒤 토지조성이 추진될 듯합니다. 이후 시공사가 선정되고 2020년 무렵에 개발이 완료될 듯싶습니다.

장기적인 관점에서 투자하신다면 대왕동 개발예정지 인근의 농지나 임야를 추천하고 싶습니다. 대장지구에는 6천여 가구가 들어설 것인데, 2016년 4월 기준 대장동과 석운동의 농지와 임야는 평당 100~300만 원대에 거래되고 있습니다. 앞으로 이 토지는 대장지구의 개발단계에 따라 단계별로 지가가 상승할 것입니다. 우선 개발계획이 확정되면 지가가 1단계로 오르고, 본격적으로 착공이 시작되면 지가는 2단계로, 개발이 완료되면 3단계로 오를 것입니다.

앞으로 대장지구 인근 지역은 지가가 높아지는 만큼 고급전원주택이 늘어날 것입니다. 참고로 저는 3년 전에 대장지구 인근의 임야 1천 평을 매수했고, 제 지인들도 이 일대의 농지 혹은 임야를 매수했습니다. 저는 지금도 이 지역에서 좋은 매물이 발견되면 매수를 원하고 있습니다.

경기 북부 토지, 통일에 대비해 선점하라

얼마 전부터 방송과 신문 등에서는 서울 시내의 낡은 단독주택을 매수해 땅콩집을 짓는 사람들이 자주 등장하고 있습니다. 이들은 "서울 아파트 가격이 너무 비싸서 나만의 집을 갖고 싶었다"고들 하는데, 서울 시내에서 지가가 낮은 곳에 단독주택을 짓더라도 최소한 10억 원 가까이 들 것입니다. 서울에서 중소형 아파트를 장만하는 데도 전전긍긍하는 사람들 입장에서는 결코 저렴한 비용은 아닙니다.

그래서 이보다 저렴한 비용으로 단독주택에 살고 싶어 하는 사람들은 교외로 나갑니다. 비좁고 복잡한 서울에서 벗어나 서울보다 지가가 10배 이상 저렴한 곳에 전원주택을 짓는 사람들도 늘고 있습니다. 높은 주거비용과 물가, 좁디좁은 아파트 등 도시생활에 지친 도시인들은 널찍한 정원과 텃밭이 딸린 멋진 전원주택에서 삶의 질을 높이고 싶어 하는 것입니다.

그로 인해 서울과 부산 등 대도시 인근 지역의 지가는 이미 상당부분 상승했습니다. 도시 근교에서 전원주택을 짓는 사람이 늘자 남양주, 양평, 강화, 양산, 김해, 거제 등의 지가가 십여 년 사이에 오를 대로 올라버렸습니다.

그러자 이미 지가가 상승해 버린 곳에서 좀 더 벗어나려는 사람들이 생겼습니다. 남양주와 양산의 지가에 부담을 느끼는 사람들이 여주와 밀양을 선택해 이 지역의 지가 또한 크게 상승했습니다.

이처럼 대도시 인근에 전원주택이 늘자 대도시 인근 지역은 물론 그 인근 지역까지 지가가 상승하고 있는데, 최근 경기도에서는 비인기 지역이었던 파주와 연천의 지가도 상승하고 있습니다. 파주를 예로 들어볼까요? 일산 마두동 일대에는 '비버리힐즈'라고 불리는 도심형 전원주택 단지가 있습니다. 예전에 일산 비버리힐즈는 인기 연예인들이 살면서 큰 인기를 끌었는데, 지금은 인기가 시들해져서 다른 지역보다 지가가 크게 오르지는 않고 있습니다. 하지만 일산 비버리힐즈의 전원주택은 10억 원 이상의 매매가를 형성하고 있습니다. 서민 입장에서는 결코 만만한 가격이 아니지요.

그러자 일산 외곽의 송산동과 설문동 일대에도 전원주택이 늘어났는데, 이 지역의 지가도 이미 오를 대로 올랐고, 파주 헤이리 일대의 전원주택도 가격이 상당부분 올랐습니다. 그래서 최근 몇 년 사이에 임진강을 조망할 수 있으면서 지가도 저렴한 파주 파평면과 연천 지역에 전원주택을 짓는 사람들이 생겼습니다.

사실 파주와 연천은 휴전선과 가까우므로 남북관계에 먹구름이 낄 때마다 긴장감이 감도는 지역입니다. 그래서 경기 북부 지역은 경기 남부 지역보다 부동산 가격이 낮은 편입니다.

하지만 통일이 되면 경기 북부 지역의 위상은 달라질 것입니다. 이제까지는 경기 남부 지역으로 개발이 확산되었는데, 북한과 가까운 경기 북부 지역이 오히려 발전할 것입니다.

만약 남북한이 통일된다면 세계의 자본이 한반도로 몰릴 듯합니다. 세계적인 투자 전문가인 짐 로저스는 "자신의 전 재산을 통일 한반도에 투자하겠다"고 밝혀 화제를 모은 바 있고, 아시아컨피덴셜의 창업자 제임스 그루버는 "한국은 세계 최고의 제조업 국가로 제2의 독일이 될 가능성이 높다. 북한의 자원과 노동력이 남한의 자본 및 경영 역량과 결합할 경우 투자 대박으로 이어질 것"으로 전망했습니다. 골드만삭스는 "남북통일이 되면 GDP가 2030년에는 3조 2,800억 달러, 2040년에는 4조 9,560억 달러에 이를 것이고, 1인당 국민소득은 2030년 4만 3,000달러, 2040년 6만 6,000달러, 2050년 8만 6,000달러에 이를 것"으로 예측했습니다.

그렇다면 통일 이후의 부동산시장은 어떻게 달라질까요? 우선 북한으로부터 위협이 사라지므로 지정학적 불안요소가 사라지면서 남한의 서울과 부산 등 대도시를 중심으로 주택 매매가가 오를 것입니다. 상당수의 북한 주민이 일자리가 풍부한 남한 대도시로 이주할 것인데, 주택을 단기간 내에 공급하기 어려워 2~3년간 집값이 상승할 수 있습니다.

하지만 천문학적인 통일비용이 드는 만큼 경기가 침체될 수 있으므로, 이후 남한의 주택 가격은 큰 폭으로 오르기는 힘듭니다. 그리고 북한 토지 거래가 허용되면 투자 수요가 몰리면서 북한 지가는 1년 이내에 2배 이상 오를 것입니다. 반면에 남한 토지는 상대적으로 소외받으면서 주택 가격도 소폭 상승세를 이어가는 데 그칠 것입니다.

여하튼 통일이 되면 경제특구 등의 개발이 이루어지는 북한 지역이 각광받을 수밖에 없는데, 지금은 북한 부동산을 구입할 수는 없으니 통일 이후에 가격이 상승할 만한 남한 부동산에 미리 투자하는 것이 최선의 방법입니다. 통일이 되면 경기도에서는 파주, 고양, 김포, 연천, 동두천, 포천 등의 지가가 크게 상승할 것입니다.

예를 들어 파주는 군사도시의 이미지가 강해 다른 2기 신도시보다 운정신도시의 선호도가 낮은데, 통일이 되면 신의주에서 평양과 개성을 거쳐 서울로 이어지는 경의선의 중심도시가 될 가능성이 높습니다. 또 비무장지대(DMZ)가 생태공원 등으로 개발되면 가장 큰 수혜지역이 될 것입니다.

그렇다고 해서 파주 지역의 토지를 무조건 사들여서는 안 됩니다. 민통선의 토지는 가격이 저렴하기는 하지만 훗날 소유권분쟁이 생길 수도 있습니다. 왜냐하면 이 지역은 한국전쟁이 발발하기 전에 남한이 아닌 북한의 영토였기 때문에, 토지의 원소유주가 따로 있을 수 있기 때문입니다. 따라서 파주와 연천 토지는 북한 접경지보다는 안전한 곳에 투자해야 합니다. 또 도로 및 철도와의 접근성이 뛰어난지,

공장이나 상업시설 등 어떤 용도로 개발될지 등을 따져보며 투자해야 합니다.

자, 그럼 경기 북부에서 유망한 투자처는 다음과 같습니다.

파주시 문산읍은 임진강을 끼고 있으며, 선유일반산업단지, 당동산업단지 등의 산업시설, 주거 지역인 당동지구와 경의선 문산역이 있습니다. 현재 이 지역의 지가는 보합세인데, 통일 이후에는 지가 상승이 기대됩니다. 파평면은 문산읍에 비해 한적하고 임진강을 끼고 있는데, 몇 년 전부터 율곡리 등에 전원주택이 들어서기 시작하면서 지가가 상승했습니다. 현재 이 지역의 지가는 평당 50만 원 내외인데, 통일 이후에는 지가 상승이 기대됩니다.

연천군 금남읍은 한탄강과 임진강이 교차하는 지역입니다. 이 지역은 십 년 전만 해도 폐허에 가까웠는데 돌무지무덤과 군남두루미 테마파크 등을 비롯해 캠핑장과 전원주택 등이 많이 생기고 있습니다. 또 제3차 국가철도망구축계획안에 따라 경원선 철원-연천-동두천 간 복선전철이 놓일 것입니다. 이 지역에서는 1천 평 이상의 임야나 농지가 평당 10~20만 원에 거래되고 있는데, 통일 이후에 지가 상승이 기대됩니다.

그렇다면 통일 이후에 북한 토지 거래가 허용되면 어느 지역이 유망할까요? 개성시는 개성공단이 위치해 있고, 라선시는 이미 산업시설을 갖추고 있는 데다 러시아를 통해 유럽으로 진출하는 교도보가 될 수 있으며, 평양시는 북한의 수도라는 점에서 유망합니다. 따라서

부동산 수익률의 제왕

이들 지역의 토지에 국내외의 투자자들이 몰릴 것입니다.

그런데 북한 지역에 투자하려면 법적인 문제부터 해결해야 합니다. 북한 지역 토지의 원소유주들이 있기 때문에 소유권분쟁이 발생할 수도 있습니다. 따라서 소유권분쟁을 피할 수 있는 안전한 토지를 구입하는 것이 좋습니다.

이처럼 통일이 이루어지면 부동산시장에 큰 변화가 일 듯한데, 통일이 언제쯤 이뤄질지는 아무도 모릅니다. 박근혜 대통령은 얼마 전에 "통일은 대박"이라고 했지만 최근에도 북핵문제와 개성공단철수 등으로 남북관계에 난기류가 형성되어 있습니다. 따라서 단기간에 대박을 노리고 투자하시는 분들에게 파주와 연천 지역의 토지는 투자처로 적합하지 않습니다.

하지만 미래가치를 따진다면, 통일에 대비하는 토지 투자만큼 높은 수익률을 보장하는 투자처는 없을 듯합니다. 예부터 "땅은 자식에게 물려줘야 한다"고 했습니다. 저는 자수성가하기는 했지만 제가 가진 땅만큼은 자식에게 물려주고 싶습니다. 제 생이 끝나기 전에, 아니면 제 자식의 생이 끝나기 전에 통일이 이뤄진다면 "통일은 대박"이 될 수 있습니다.

토지이용계획과 지적도 등을 살피고, 임장은 반드시 해야 한다

만약 여러분이 임장을 통해 마음에 쏙 드는 토지를 발견했다고 칩시다. 그러면 싸게 매수하는 것이 관건이겠지요? 대부분의 경우 농지나 임야는 넓은 면적일수록 싸게 매수할 수 있습니다. 똑같은 지역의 땅이더라도 전원주택지로 인기가 많은 200평 이하의 땅은 천 평 이상보다 2배 이상 비싸게 팔리기도 합니다. 따라서 자금력이 있다면 넓은 땅을 사는 것이 유리합니다.

그런데 임야나 농지 등의 토지에 투자할 때는 여러 가지 유의점이 있습니다.

첫째, 사용 목적에 적합한 개발 행위가 가능한지 확인해야 합니다. 예를 들어 매입한 농지에서 농사를 짓는다면 괜찮겠지만 전원주택이나 숙박시설 등을 건축하고자 한다면 토지이용계획과 지적도 등을 살펴야 합니다.

토지이용계획은 토지와 관련된 법적인 규제 사항 및 건폐율과 용적률 등을 파악하기 위해 열람해야 합니다. 토지이용계획은 토지이용규제정보서비스(http://luris.molit.go.kr/)를 이용해 열람할 수 있습니다. 또 토지의 소유권 등에 관해 알고자 한다면 등기부등본과 토지대장을 기본적으로 살펴야 합니다. 등기부등본은 인터넷 등기소(www.iros.go.kr)에서 확인할 수 있는데, 등기부의 갑구에는 소유권 관계, 을구에는 근저당 등 소유권 이외의 권리가 등재되어 있습니다. 마지막으로 해당 토지가 도로를 끼고 있는지 등을 알기 위해서는 토지대장과 지적도를 열람해야 하는데, 민원24(http://www.minwon.go.kr/)에서

부동산 수익률의 제왕

열람할 수 있습니다.

둘째, 토지에 접해 있는 도로를 반드시 살펴야 합니다. 건축허가를 얻으려면 도로법 또는 사도법에 의해 개설된 도로, 지적도에 표시된 지적도상 도로를 끼고 있어야 합니다. 또 해당 토지가 도로에 접하고 있더라도 자동차 전용도로 등 건축법상 도로로 인정받지 못하거나 도로를 통해 해당 토지에 바로 진입할 수 없을 때에는 건축허가를 못 받을 수도 있습니다.

그런데 임도(임산물의 운반 및 산림의 경영상 필요해 산림청장 등이 산림 소유자의 동의를 받아 개설한 도로)와 농로(농촌의 논, 밭, 과수원 등을 가로지르는 도로로서 사람이나 가축, 차량통행, 자재 및 생산물 운반 등을 위해 이용되는 도로) 등 지적도상으로는 해당 토지에 도로가 없지만 실제로 수십 년간 사용되고 있는 현황도로도 있는데, 현황도로를 이용해 건축허가를 받을 수도 있습니다. 또 지적도상에는 도로가 있지만 오랫동안 인적이 끊겨서 폐도가 된 도로도 있습니다. 만약 해당 토지가 폐도를 끼고 있다면 현황측량을 통해 없어진 도로를 되찾고 새로 도로공사를 해야 합니다.

일반적으로 주택 등을 건축하기 위해서는 폭 4미터 이상의 도로에 해당 토지가 2미터 이상 접해 있어야 합니다. 하지만 도로의 폭이 4미터 미만이라고 해서 무조건 건축허가가 나지 않는 것은 아닙니다. 반드시 그런 것은 아니지만, 4미터 미만의 도로에 접한 토지이더라도 $85m^2$ 이하의 주택은 건축 가능한 경우도 있습니다. 이와 관련된 자세한 사항은 해당 관공서에 문의하는 것이 좋습니다. 그렇지만 공동주택은 폭 6미터 이상의 도로에 해당 토지가 4미터 이상 접해야 하고, 펜션이나 호텔 등의 숙박시설을 건축하기 위해서는 폭 8미터 이상의 도로가 필요합니다.

그런데 농어촌 지역에서는 간혹 이런 일이 발생하기도 합니다. 진입도로로 사용 가능한 현황도로가 있지만 그 도로가 다른 사람의 소유로 되어 있는 경우에는 현황도로 소유자 등 이해관계인의 동의를 받아야 합니다. 그리고 동의를 받았음을 입증할 수 있는 토지사용승락서를 제출해야 합니다. 만일 현황도로를 여러 사람이 공동으로 소유하고 있을 경우에는 전원의 동의를 얻어야 합니다. 도로 부분에 본인의 지분이 있다 하더라도 다른 공유자 전원의 동의를 받아야 하기 때문입니다.

셋째, 토지의 경사도와 토질 등을 살펴야 합니다. 토지는 경사도를 고려해 매수해야 합니다. 대부분이 사람들이 풍광만 중시해 높은 경사면에 위치하는 토지를 매수하는데, 경사도가 25% 이상으로 심하면 개발허가를 얻기가 어렵습니다. 이런 경우에는 개발허가를 얻기 위해 경사도를 맞추는 토목공사를 해야 하는데, 석축비용 등을 계산해 보면 토지비보다 공사비가 더 드는 경우도 있습니다. 만약 매입하려는 토지가 땅바닥이 울퉁불퉁하거나 내려앉은 지반이라면 성토를 해서 땅을 다져야 하고, 경사도가 높으면 절토를 해야 하는 번거로움이 따릅니다. 이런 경우 시간도 들고 돈도 들지만 건축허가를 받으려면 어쩔 수 없이 토목공사를 해야만 합니다.

　그런데 토목공사를 시작하기 전에 우선 토지의 지목을 변경할 때 드는 비용인 전용비용을 고려해야 합니다. 지목이 전이나 답, 임야인 토지에서 건축 행위를 하려면 전용허가를 받아야 하는데, 농지인 경우 농지전용허가를, 임야인 경우 산지전용허가를 받아야만 건축 행위를 할 수 있습니다. 물론 농지전용허가든 산지전용허가든 전용허가를 받기 위해서는 비용이 들 수밖에 없는데, 전용허가비용은 임야가 농지보다 더 적게 드는 편입니다.

　이제 전용허가를 받았다면 토목공사를 시작해야 합니다. 토목공사 비용은 토지 상태에 따라 달라질 수도 있는데, 일반적으로 토목공사 비용은 임야가 농지보다 더 듭니다. 아무래도 농지는 트랙터와 경운기 등의 농기구들이 드나들 수 있을 만큼 평평하기 때문에 많은 비용이 발생하지 않지만 임야는 경사면이 있어서 높은 곳의 흙을 끌어내리면서 옹벽을 쌓아야 하고 낮은 곳은 복토를 해야 하기 때문에 비용이 더 들 수밖에 없습니다.

　그리고 토목공사를 할 때는 중장비의 임대료도 고려해야 합니다. 굴삭기는 엔진 마력에 따라 여러 가지 종류로 나뉘는데, 일반 토목공사에는 6W라는 굴삭기가 주로 사용되고, 상하수관 등 조그만 골을 파는 공사에는 미니굴삭기인 015나 02가 사용됩니다. 6W의 하루 임대료는 기름 값을 포함해 50만 원가량 듭니다.

　이외에도 토목공사를 하면서 옹벽공사나 석축공사를 해야 하는 경우도 있는데, 이런 공사가 필요할 때에는 반드시 검증된 업체에 맡기는 것이 좋습니다. 석축공사를 제대로 하지 못하면 석축 안쪽의 흙이 유실되어 돌들이 내려앉을 수 있기 때문입니다. 석축공사는 석축 안쪽에서 물길을 잡아주어 흙의 유실을 막고 석축 바깥쪽에서 자갈 등으로 깔끔하게 채워야만 하는 상당히 까다로운 공사입니다. 옹벽공사 또한 마찬가지로 전문가의 손길이 필요한 공사입니다.

복토나 성토 등을 거쳐 지반을 다진 경우에는 지반이 단단하게 자리 잡을 수 있을 만큼의 기간이 필요합니다. 지반이 단단하게 자리 잡지 않은 상태에서 급하게 건축을 한다면 건축물에 균열이 생기는 등의 심각한 문제가 생길 수 있습니다. 따라서 불도저로 단단히 지반을 다지고 어느 정도의 시간이 흐른 후에 건축하는 것이 좋습니다.

넷째, 토지 내의 지상물에 문제가 없는지 살펴야 합니다. 매입하려는 토지 내에 분묘와 과실수, 관상수 등 조림수목의 소유관계도 반드시 확인해야 합니다. 예를 들어 매입한 토지에 분묘가 있다고 합시다. 그러면 함부로 개발행위를 할 수 없습니다. 묘는 크게 세 가지로 구분됩니다. 따로 묘지의 지번이 있는 묘적계가 있는 묘, 묘적계가 없지만 잘 관리되고 있는 묘, 후손과 연락이 끊겨 방치된 무연분묘가 그것입니다. 세 가지 묘 중에서 무연분묘가 있다면 골칫거리가 생기는데, 다행히 2001년 1월에 장사법이 시행되었습니다. 장사법이 시행된 이후 토지 소유자의 승낙을 얻지 않고 임의적으로 해당 토지에 설치한 분묘는 분묘기지권의 혜택을 받지 못하게 되었습니다. 이런 무연분묘는 일간지 등을 통해 알린 후 개장처리를 할 수 있습니다.

그런데 분묘기지권이 성립되지 않더라도 증거확보 차원에서 일단 현장사진을 촬영한 뒤 토목공사를 해야 합니다. 그래야 나중에 후손이 나타나 법적인 소송을 걸어오는 경우에 대처할 수 있습니다. 묘가 잘 관리되고 있는 경우에는 벌초 시기인 한식이나 명절 등에 맞추어 팻말을 세워두고 후손을 찾아 협의한 뒤 이장할 수도 있는데, 이 경우 이장비용은 통상적으로 1천만~3천만 원 정도 선에서 서로 합의해 결정하면 됩니다.

이밖에도 토지는 도심과의 거리, 인근 지역의 발전 가능성, 고속도로 및 철도와의 거리, 지상고압선의 통과 여부 등을 꼼꼼히 살펴본 뒤 매수해야 합니다.

지방
토지 투자 길라잡이

세종시 단독주택용지 투자, 지금 투자해도 늦지 않을까?

저는 2011년에 세종시의 중심상업용지를 매수했습니다. 하지만 현재 행정중심복합도시 내에 있는 토지는 이미 가격이 오를 대로 올라서 예전만큼 높은 수익률을 보장받기는 어려울지도 모릅니다.

현재 행정중심복합도시 내에는 단독주택들이 한두 채씩 들어서고 있습니다. 세종시에서 단독주택을 지을 수 있는 택지는 몇 년 전에 평당 100만 원가량에 분양되었습니다. 그리고 2016년 4월 기준 이들 토지는 평당 300만 원 내외의 시세를 형성하고 있습니다. 10년도 채 안된 기간에 단독주택용지의 지가가 3배나 상승한 것입니다.

행정중심복합도시 내의 단독주택용지는 다음과 같은 장점이 있습니다. 우선 인근에 아파트단지와 학교 등 생활편의시설 등이 있어서 주거환경이 우수합니다. 또 이 지역에 들어설 단독주택은 건폐율

40%와 용적률 80% 그리고 3층 이하를 적용받는데, 100평의 토지에 연면적 80평 규모의 주택에는 중산층 이상의 사람들이 거주할 것이기 때문에 아파트보다 고급스럽게 보일 것입니다. 분당과 일산 등의 신도시에도 이런 단독주택들이 있는데, 단독주택용지가 평당 천만 원 이상인 점을 감안하면 평당 300만 원의 지가는 앞으로 5년 내에 두 배가량 오를 듯싶습니다.

하지만 한 가지 아쉬운 점이 있습니다. 행정중심복합도시 내에서는 임대소득을 올릴 수 있는 다가구주택을 지을 수 없고 단독주택만 지을 수 있습니다. 분당과 일산의 경우 똑같은 면적의 토지더라도 다가구주택이 단독주택보다 30~40% 이상 높은 매매가를 형성하는데, 단독주택 이외의 건축행위를 할 수 없다면 지가가 평당 1천만 원 이상 오르는 데는 한계가 있을 듯합니다.

그래서 여러분들을 행정중심복합도시 인근으로 안내해 드릴까 합니다.

행정중심복합도시 인근의 금남면은 앞으로도 오를 것이다

저는 2011년에 중심상업용지를 매수한 데 이어 행정중심복합도시 인근에 위치한 금남면 용포리의 토지 3천 평을 24억 원에 매수했습니다. 현재 이 땅은 2종주거지역이 되어서 평당 500만 원으로 올랐습니다. 그런데 세종시의 지가가 급등하자 금남면 일대가 토지거래허가구역으로 지정되었습니다.

　토지거래허가구역은 토지의 투기적인 거래가 성행하거나 지가가 급격히 상승하는 지역과 그러한 우려가 있는 지역에 5년 이내의 기간을 정해 토지거래계약에 관한 허가를 받아야 하는 구역을 말합니다. 토지거래허가구역에 있는 토지에 관한 소유권·지상권(소유권·지상권의 취득을 목적으로 하는 권리 포함)을 이전하거나 설정(대가를 받고 이전하거나 설정하는 경우만 해당)하는 계약을 체결하려는 당사자는 시장 또는 구청장의 허가를 받아야 하며, 허가를 받지 않고 체결한 토지거래계약은 무효가 됩니다. 참고로 매입하려는 토지가 토지거래허가구역으로 지정되었는지를 알려면, 토지이용계획을 열람하시면 됩니다.

　이처럼 금남면 일대의 토지가 토지거래허가구역으로 지정되자 예전보다는 토지거래가 뜸해지기는 했지만 그렇다고 해서 이 지역의 토지를 전혀 거래할 수 없는 것은 아닙니다. 앞서 말씀드렸듯이, "토지거래허가구역에 있는 토지에 관한 소유권·지상권을 이전하거나 설정하는 계약을 체결하려는 당사자는 시장 또는 구청장의 허가를 받으면" 매매계약을 할 수 있기 때문입니다. 그래서 지금도 투자자들은 금남면 일대의 토지에 투자하고 있습니다.

　그렇다면 금남면 지역은 왜 투자가치가 있을까요? 세종시에 2,200만 평 규모의 행정중심복합도시가 개발되면서 공주시 장기면과 의당면 일대는 세종시 장군면으로, 청원군 부용면은 세종시 부강면, 연기군 동·서면은 세종시 연동·연서면, 연기군 금남면은 세종시 금남면으로 편입되었습니다. 그리고 그중에서 최대 수혜 지역으로 떠오른 곳은 금남면입니다. 금남면은 대전광역시에서 세종시로 진입하는 초입에 위치하는데, 외지인들의 투기를 막기 위해 토지거래허가구역으로 지정되었지만 아직까지도 가장 인기 있는 지역입니다.

현재 행정중심복합도시는 1, 2생활권에 이어 시청과 교육청 등이 있는 3생활권이 개발되고 있는데, 금남면은 세종시의 강남이라 할 수 있는 3생활관과 맞닿아 있습니다. 금남면 용포리는 세종시청 인근에 있는데 이미 상업시설과 다가구주택 등이 들어서 있으므로, 세종시의 구도심 중 가장 먼저 발전하고 있습니다. 하지만 이 지역의 지가는 이미 상당부분 올랐으니, 소자본으로 투자하고자 하는 분들에게는 다른 지역을 추천해 드리고 싶습니다.

금강을 조망할 수 있고, 금강수목원과 금강자연휴양림 등이 있는 원봉리와 영곡리의 토지는 전원주택지로 인기를 끌고 있습니다. 이 지역에는 아직 전원주택이 많이 들어서지는 않았지만 10년 후를 내다보고 투자하신다면 높은 수익률을 올릴 수 있을 듯합니다.

황용리는 정부청사와 과학벨트 등이 들어서는 4생활권과 인접해 있기 때문에 미래가치가 뛰어난 지역입니다. 현재 이 지역은 용포리에 비해 개발이 이루어지지 않았는데, 앞으로 황용리에는 용포리처럼 상가와 다가구주택 등이 늘어날 듯합니다. 이 지역에 투자하면 용포리처럼 가격 상승을 기대할 수 있습니다.

마지막으로 신촌리, 호탄리, 장재리 등은 3생활권 바로 아래에 인접해 있지만 개발제한구역으로 묶여 있습니다. 따라서 10년 내에 지가가 급등하기를 바라신다면 이런 토지들은 피하는 것이 좋을 듯합니다.

하지만 고수들 중에는 오히려 개발제한구역의 토지, 녹지지역의 토지를 선호하는 분들도 있습니다. 실제로 자고 나니 부자가 된 사람들은 개발제한구역에 투자한 분들입니다. 일례로 2016년 3월 21일에 세종시는 소정면, 전동면, 연서면, 연기면, 연동면, 장군면 등 6개 지구와 함께 금남면의 11개 지구 등 총 17개 지구 257만 9천㎡ 토지의 개발제한구역을 해제했습니다. 이에 따라 개발제한구역이 1종일반주거지역으로 변신했습니다.

금남면에서 개발제한구역의 토지는 2016년 2월 기준 평당 60만 원 내외였는데, 개발제한구역이 해제되자 평당 200만 원으로 지가가 올랐습니다. 건축 행위를 할 수 없는 개발제한구역이 1종일반주거지역으로 변했으니 당연한 일입니다. 그래서 지금 이 순간에도 고수들은 지금 당장보다는 먼 미래를 내다보며 투자합니다. 미래가치를 최우선으로 두고 개발제한구역에 투자하는 것입니다.

자, 다시 본론으로 돌아가겠습니다. 현재 금남면 원봉리와 영곡리, 황용리에서 건축 가능한 토지는 평당 200만 원 내외로 거래되고 있는데, 행정중심복합도시가 기반을 갖춰나감에 따라 지가 상승이 기대됩니다.

우리나라의 모든 토지는 크게 '도시지역, 관리지역, 농림지역, 자연환경보전지역' 등 4가지 용도지역으로 지정되어 있습니다. 사람들이 많이 모여 사는 '도시지역'은 '주거지역, 상업 지역, 공업지역, 녹지지역' 등으로 나뉘는데, 도시지역의 주거지역과 상업 지역의 지가는 이미 오를 대로 올라버려서 높은 수익률을 기대하기는 힘듭니다. 반면에 사람들이 적게 사는 농촌지역의 토지는 '관리지역'이라 하는데, 관리지역의 토지에 전원주택과 상업시설 등이 많이 들어서게 되면 환골탈태합니다. 그래서 많은 투자자들이 지금은 지가가 낮지만 앞으로 급등할 가능성이 있는 관리지역의 토지를 매수하는 것입니다.

'관리지역'은 '보전관리지역, 생산관리지역, 계획관리지역'으로 나뉩니다. '보전관리지역'은 자연환경 보호, 산림 보호, 수질오염 방지, 녹지공간 확보 및 생태계 보전 등을 위해 보전이 필요하나, 주변 용도지역과의 관계 등을 고려할 때 자연환경보전지역으로 지정하기 곤란한 지역입니다. '생산관리지역'은 농업 · 임업 · 어업 생산 등을 위해 관리가 필요하나, 주변 지역과의 관계 등을 고려할 때 농림지역으로 지정하기 곤란한 지역입니다. '계획관리지역'은 도시지역으로 편입이 예상되는 지역 또는 자연환경을 고려해 제한적인 개발이 가능한 지역입니다.

이쯤에서 눈치 채실 분들이 있을 텐데요. 관리지역이라고 해서 모두 같지는 않습니다. 같은 면적이더라도 계획관리지역은 보전관리지역과 생산관리지역보다 지가가 높은 편입니다.

계획관리지역의 토지는 다음과 같은 장점이 있습니다. 보전관리지역과 생산관리지역이 건폐율 20% 용적률 50~80%인 데 반해 계획관리지역은 건폐율 40% 용적률 50~100%입니다. 계획관리지역에서는 단독주택과 공동주택(아파트는 제외), 제1종 · 제2종근린생활시설 등을 건축할 수 있습니다. 반면에 보전관리지역에서는 단독주택만 건축할 수 있으며, 제1종근린생활시설 중 휴게음식점과 제과점을 운영할 수 없고, 제2종근린생활시설 중 종교집회장, 게임장, 일반음식점 등을 개업할 수 없습니다. 생산관리지역에서는 단독주택과 공동주택(아파트는 제외)을 건축할 수는 있지만, 제1종근린생활시설 중 소매점과 휴게음식점을 운영할 수 없고, 제2종근린생활시설 중 종교집회장, 게임장, 일반음식점 등을 개업할 수 없습니다.

계획관리지역의 토지는 건폐율과 용적률이 높고, 건축할 수 있는 건축물들도 다양합니다. 보전관리지역과 생산관리지역의 토지보다 지가가 비쌉니다만 상당수의 토지 투자자들이 이 토지를 선호합니다.

하지만 장기적인 관점에서 보다 높은 수익률을 올리고 싶으시다면 보전관리지역과 생산관리지역의 토지에 투자하는 것이 유망합니다. 2030년에 세종시가 대한민국의 행정수도로 완전히 자리 잡으면 새로운 부도심들이 필요할 것입니다. 세종시에서는 동쪽의 장군면, 서쪽의 부강면, 남쪽의 금남면, 북쪽의 조치원읍이 부도심으로 성장할 가능성이 있는데, 그중에서 금남면이 가장 먼저 발전할 듯싶습니다.

세종시 인근 지역 중에서 금남면에는 전원주택이 가장 많이 들어설 듯합니다. 그리고 금남면에서 원봉리와 성덕리는 금강을 끼고 있어서 인기가 높습니다. 그래서 이 지역의 보전관리지역과 생산관리지역에 투자해도 유망할 듯싶습니다. 보전관리지역과 생산관리지역의 토지를 매수했는데, 주위에 전원주택과 창고 등이 하나둘씩 들어선다면 계획관리지역으로 용도변경되는 경우가 종종 있습니다. 어느날 갑자기 자신의 토지가 계획관리지역으로 용도변경되는 행운이 찾아올 수도 있는 것입니다.

토지의 용도지역은 5년마다 도시기본계획으로 재검토하고 도시관리계획으로 결정해 용도변경이 이루어지기도 합니다. 예를 들어 보전관리지역에 속한 임야 주위에 전원주택과 창고 등이 들어와 있다면, 몇 년 후에 행운이 찾아올 수 있습니다. 용도지역은 한 섹터, 즉 일정한 범위의 토지를 대상으로 용도지역이 결정됩니다. 시청에서는 5년마다 일정 범위의 토지를 대상으로 용도변경을 할지를 조사하는데, 보전관리지역이었던 곳에 전원주택과 창고 등이 많이 들어와 있으면 계획관리지역으로 용도변경하기도 합니다. 따라서 전원주택 등이 많이 들어와 있는 원봉리와 성덕리 일대 보전관리지역의 임야를 매수하는 것도 좋은 방법입니다.

세종시는 물론 지방에서는 전원주택부지를 분할매매하는 기획부동
산이 많습니다. 이들이 내놓는 매물은 대개 임야를 분할한 것인데, 이
들은 수천 평 이상의 임야를 평당 30만 원 이하로 매수해 토지를 분할
한 뒤 평당 150만 원 이상에 매도합니다. 이들은 법인으로 등록하고
일하는데, 법인이 임야를 매도해 양도차익을 얻은 경우에는 사업용
토지로 인정받기 때문에 매입원가와 토목공사비 등을 차감한 잔액만
수익으로 산정해 법인세(10~22%)를 냅니다. 여하튼 이런 개발업자들
이 많이 들어오면 해당 지역의 지가는 크게 상승합니다. 기획부동산
을 통하지 않고 현지 부동산 중개업자를 통해 지주와 매매계약을 하
더라도, 이미 시세가 올라버려서 개인 투자자들은 애를 먹게 됩니다.

그래서 세종시에서는 토지 분할에 제한을 두고 있습니다. 보전관리
지역과 생산관리지역은 990㎡ 이상, 계획관리지역에서는 660㎡ 이
상은 허가 및 인가를 받지 않고 분할할 수 있지만 그 이하의 토지는 반
드시 허가 및 인가를 받아야 합니다. 또 허가일로부터 1년 이내에 재
분할을 할 수 없습니다. 이로 인해 임야 등을 싸게 사들여 바둑판식으
로 분할해 비싸게 되파는 기획부동산의 악행을 어느 정도 막을 수 있
게 되었습니다. 하지만 이러한 규제를 피하기 위해 가분할도를 만들
어 지분등기로 판매하는 기획부동산이 종종 있습니다.

이러한 기획부동산이 아니라 양심적인 현지 부동산 중개업자를 통

해 토지를 매수해야 합니다. 2016년 4월 기준 금남면의 계획관리지역 임야는 1천 평 이상이면 평당 100만 원 내외로 매수할 수 있습니다. 보전관리지역 임야는 평당 50만 원 내외로 매수할 수 있습니다. 물론 매입하려는 토지 옆에 전원주택이나 창고 등이 들어섰다면 이보다 비싼 가격에 매수해야겠지만 기획부동산이 내놓는 매물보다 훨씬 싼 가격에 매수할 수 있습니다.

그런데 세종시에서 임야를 매수할 때는 유의점이 있습니다. 임야는 농지와 달리 경사도가 심한 편인데, 세종시에서는 경사도가 20도 이하여야 건축 등의 개발 행위를 할 수 있습니다. 따라서 경사도가 높다면 토목공사비용이 추가로 들 수도 있으니, 경사도를 반드시 확인하시기 바랍니다.

끝으로 지가는 도미노처럼 확산되는 경향이 있는데, 중심 지역이 오르면 인근 지역의 지가도 오를 것입니다. 현재 세종시 외곽 지역 중 금남면과 장군면의 지가가 가장 많이 상승했는데, 앞으로 조치원읍과 연기면, 연서면, 연동면 등의 지가도 많이 오를 듯합니다. 그리고 전동면, 전의면 등은 아직까지는 저평가되어서 소액투자처로 적합할 수 있습니다. 이 지역의 임야 1천 평은 평당 10만 원으로도 거래되고 있으니, 1억 원 내외의 금액으로도 얼마든지 투자하실 수 있습니다.

자고 나면 오르는 제주 지가, 과연 언제까지 오를 것인가?

2016년 1월 1일 국토교통부가 발표한 전국표준공시지가에 따르면, 전국에서 지가가 가장 많이 상승한 곳은 제주도(19.35%)였습니다. 하지만 이는 어디까지나 공시지가일 뿐이고, 실거래가는 이보다 훨씬 높습니다. 제주도에서 땅값이 가장 비싼 일도1동 금강제화 부지의 공시지가는 평당 1,683만 원인데, 실거래가는 2천만 원 이상으로 추정됩니다. 그리고 신제주에는 이보다 더 비싼 시세를 형성하는 곳이 있을 정도입니다. 또 카페와 게스트하우스들이 즐비한 제주시 구좌읍 월정리 해안도로변의 토지 가격은 4~5년 전만 해도 평당 30만 원선 수준에서 지금은 1천만 원 이상에 거래되고 있습니다. 불과 몇 년 사이에 가격이 수십 배나 오른 것입니다.

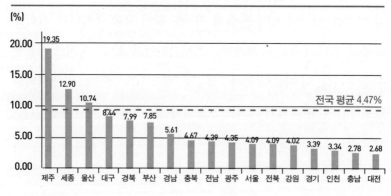

2015년 전국표준공시지가 상승률 순위

그런데 일각에서는 "이 같은 분위기가 오래 지속되기는 어렵다"고 주장합니다. 이들은 "중국인들의 부동산 매입이 한계에 이르렀고, 내륙과 달리 제주는 고립된 섬인 데다 이미 부동산 가격이 오를 대로 올라서 예전만큼 수요가 많지 않을 것"이라고 예측합니다. 그러나 제주 부동산은 제주도민뿐만 아니라 서울과 수도권, 더 나아가 우리나라 전역과 해외에 사는 투자자들의 관심을 끌고 있습니다.

게다가 앞으로 이러한 수요를 잠재울 만큼의 공급이 이뤄지기는 힘듭니다. 지역 특성상 제주에는 건축 가능한 토지가 무궁무진하지는 않습니다. 제주의 전체 면적은 1,848km^2인데, 제주에서 개발 가능한 토지는 제주 전체 면적의 34%인 약 629km^2밖에 안 됩니다. 또 용적률과 건폐율을 감안할 때 그중에서 건축 가능한 토지는 제주 전체 면적의 3.2%도 채 안 됩니다. 또한 유네스코 세계자연유산인 제주 천혜의 자연환경을 보존해야 한다는 여론이 거세지면, 필연적으로 개발에 대한 규제가 강화될 수밖에 없으므로 건축 가능한 토지의 면적은 더 줄어들 수밖에 없습니다.

또한 제주는 세종시와 마찬가지로 대규모 개발호재가 있습니다. 천혜의 관광단지로 꼽히는 제주도를 찾는 국내외 관광객이 계속 증가하고 있기 때문에 서귀포시 성산읍 일대에 제주 제2공항이 건설될 것입니다. 제주 제2공항은 2025년에 개항할 예정인데, 약 4조 원 규모로 개발될 것입니다. 제주 제2공항이 개항되면 제주를 찾는 관광객이 현재(2,500만 명)보다 2배 이상 증가할 것이며, 이로 인해 약 2조 764억 원의 경제효과가 발생할 것으로 추산되고 있습니다.

따라서 제주 토지는 최소한 2025년까지 많은 사람들에게 인기를 끌 듯한데, 이미 높은 시세를 형성하고 있는 시내 지역보다는 시내 근교의 미개발지와 농어촌 지역의 토지가 유망해 보입니다.

시내 근교의 미개발지를 눈여겨보라

제주 시내는 제주국제공항을 중심으로 왼쪽은 신제주 지역, 오른쪽은 구제주 지역으로 나뉩니다. 구제주 지역은 제주시가 형성될 때부터 '칠성통'으로 불리는 상업 지역이 이미 자리 잡았고, 제주 시민들이 가장 많이 살고 있는 지역입니다. 그리고 최근에는 이도동, 아라동 등 구제주 신도시가 개발되면서 신제주 지역 못지않게 인기를 얻고 있습니다.

구제주 지역에서는 구도심보다는 새롭게 형성된 이도택지지구, 아라택지지구, 제주첨단과학단지 근교의 토지를 눈여겨봐야 합니다. 택지지구의 지가는 이미 오를 대로 올랐으니 근교의 미개발지들을 눈여겨볼 필요가 있습니다. 이도택지지구 근교에서는 수선화아파트사거리 서쪽의 농지들이, 제주첨단과학단지 근교에서는 교학촌아파트 인근의 임야가 유망해 보입니다. 하지만 아쉽게도 이 지역의 매물은 잘 나오지 않고 있으니, 꾸준히 관심을 갖고 기다려야 합니다.

마찬가지로 신제주 지역에서는 이미 가격이 오른 신시가지보다는 도평동, 해안동 등 외곽 지역의 미개발지가 유망합니다. 현재 신제주 상업 지역의 지가는 평당 2천만 원 이상이고, 주거 지역의 지가도 평당 1천만 원 이상이니 도평동과 해안동의 토지를 추천하고 싶습니다. 또 이호테우해변 옆의 내도동에는 바다 조망권이 좋고 건축도 가능하지만 농지이기 때문에 평당 300만 원대로 가격이 낮은 토지가 있습니다. 게다가 중국의 분마그룹은 이호테우해변 일대에 4천억 원 규모의 사업비를 들여 제주분마이호랜드를 건립하고 있으니, 이 일대의 지가가 크게 오를 듯합니다. 하지만 현재 내도동의 매물은 잘 나오지 않고 있으니, 인내를 갖고 기다려야 합니다.

자, 이제 서귀포로 가봅시다. 제주 시내가 구제주와 신제주로 나뉘는 것처럼 서귀포 시내도 구서귀포와 신서귀포로 나뉩니다. 서귀포시청 제1청사가 있는 곳은 구서귀포, 제2청사가 있는 곳은 신서귀포입니다. 제주 시내와 마찬가지로 서귀포 시내의 지가는 이미 상당부분 올랐으니, 근교의 미개발지에 투자하는 것이 좋습니다.

저는 신서귀포 근교에서는 강정동 지역이 유망해 보입니다. 현재 이 지역에는 밭과 과수원이 많은데, 건축 가능한 도로가 놓여 있지 않아서 맹지가 많습니다. 하지만 2020년 이후 강정해군기지 인근에 해안도로가 새로 생길 예정이니, 장기적인 관점에서 투자하시면 좋을 듯합니다. 강정해군기지 바로 옆에는 켄싱턴리조트가 있는데, 이 리조트 동쪽 일대의 밭과 과수원 등에 투자하시기 바랍니다. 참고로 이 지역의 맹지는 평당 70만 원 내외에 거래되고 있습니다.

이밖에도 서귀포시 제2청사가 들어선 신시가지 옆으로 34만여 평 규모의 혁신도시가 들어설 것인데, 그 지역과 인근의 토지도 눈여겨 볼 만합니다. 서귀포 혁신도시 지역은 공기업이 이전하기 위해 택지 개발을 하고 있는데, 향후 꾸준히 인구가 유입될 것입니다. 현재 서귀 포 혁신도시 바로 옆 동쪽 지역의 농지는 평당 100만 원대로 거래되 고 있습니다. 서귀포 혁신도시의 신규 아파트에 입주가 시작되고 상 권이 형성되면 이 지역에도 다세대주택이나 빌라 등이 들어설 수 있 으므로 투자가치가 있습니다.

이미 지가가 오른 해안 지역보다는 중산간 지역에 투자하라

제주도 해안 지역은 그 어느 곳이더라도 아름답지 않은 곳이 없습 니다. 그래서 해안 지역에는 어김없이 리조트며 식당, 관광지 등이 빼 곡히 들어서 있습니다. 그래서 제주도의 해안 지역은 시내 못지않게 지가가 높습니다.

그런데 실제로 제주에서 살아보면 중산간 지역에서도 먼발치에서 바다를 바라볼 수 있고, 자동차로 10~20분 내에 바다로 갈 수 있습 니다. 그래서 얼마 전부터 중산간 지역에 투자하는 사람들이 크게 늘 었습니다.

제주 토지 투자자 중 상당수는 시내 혹은 해안 지역보다 가격이 저 렴하고, 마당과 텃밭까지 있는 넓은 전원주택을 짓기 위해 농지 또는 임야를 매수하려 합니다. 그런데 농지에 투자하려 한다면 다음과 같은 점을 염두에 둬야 합니다.

제주시를 비롯한 우리나라의 농어촌 지역에서는 정당한 사유 없이 농업에 이용하지 않은 농지에 대해서는 '농지처분 의무결정'을 내리고 있습니다. 만약 농지처분의무기한까지 이행하지 않는다면 농지처분명령(처분기한 6개월)을 내린 뒤 처분기한이 종료된 후부터 공시지가의 20%에 해당하는 이행강제금을 처분될 때까지 매년 부과합니다.

이러한 문제를 피하고 싶다면 농지처분의무를 부과받기 전에 농지의 소유자가 한국농어촌공사에 농지를 임대위탁해 현지 농민에게 5년 이상 장기임대하면 됩니다. 다만 토지가 1,000m^3 이상인 경우에만 해당합니다.

여하튼 제주 농지에 투자하는 외지 투자자들이 농지를 매수하는 데 다소 번거로움이 따르자 최근 들어 임야에 대한 수요가 늘었습니다. 그래서 얼마 전까지 농지에 비해 평당 매매가가 낮았던 임야도 상당 부분 가격이 올랐습니다.

자, 그럼 중산간 지역에서 눈여겨볼 지역들을 살펴볼까요?

2015년 11월에 제주 제2공항이 성산읍 온평리와 신산리 일대에 들어선다고 발표되자마자 성산읍 지역의 지가는 서너 배 이상 급등했습니다. 150만 평 규모로 건설되는 제주 제2공항은 3,200미터 길이와 60미터 폭의 활주로 1곳과 터미널이 건설되며, 연간 2,500만 명의 이용객을 수용할 것입니다.

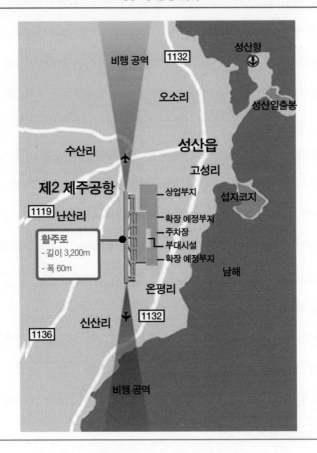

그러자 공항부지로 수용되는 온평리와 신산리, 난산리의 주민들은 당혹감을 나타냈고, 제2공항으로 수혜를 입을 인근 지역인 수산리와 성산리, 가시리 등의 주민들은 만세를 불렀습니다. 평생 농사만 짓던 온평리와 신산리, 난산리의 주민들은 토지보상금을 받는다 해도 그 돈으로 이미 가격이 오를 대로 올라버린 다른 지역의 토지를 매수해

농사를 짓는 것이 여의치 않기 때문에 그런 것입니다.

공항이 새로 들어서면 항공사를 비롯해 여행사, 숙박시설 등이 크게 늘 것입니다. 따라서 제주 제2공항 예정부지를 제외한 성산읍 지역 대부분은 제주 제2공항의 최대 수혜지가 될 것입니다.

현재 성산읍에서 가장 지가가 비싼 곳은 성산일출봉과 섭지코지 일대입니다. 성산일출봉은 사계절 내내 관광객들로 활기가 넘치고, 섭지코지는 한화아쿠아플라넷과 올인하우스 등이 있어서 이미 평당 천만 원에 가까운 지가를 형성하고 있습니다. 제주를 관광하는 사람들은 대부분 시계반대 방향으로 일주하는 경향이 있습니다. 성산일출봉과 섭지코지는 제주 제2공항 예정지의 북동쪽에 인접해 있습니다. 앞으로 제2공항이 생기면 이 지역이 관광의 시발점이 될 것이므로, 제주 시내만큼 높은 지가를 형성할 것입니다.

그래서 저는 이미 가격이 오른 성산읍의 해안 지역보다는 구좌읍의 해안 지역에 투자하는 것이 유망하다고 생각합니다. 구좌읍 종달리와 하도리 등은 몇 년 전까지만 해도 개발이 활발히 이루어지지는 않았는데, 해안도로와 산책로 등이 조성되어 관광객이 늘고 있으며, 최근에는 이 지역에 펜션과 카페 등이 많이 늘고 있습니다. 종달리와 하도리의 해안도로변 토지는 평당 200~300만 원으로 거래되고 있는데, 앞으로 이 토지들도 평당 1천만 원 가까이 상승할 듯싶습니다. 하지만 현실적으로 이런 매물들을 매수하는 것은 어렵습니다. 지주들은 자고 나면 올라버리는 토지를 매도하지 않고 있습니다. 대신에 건축업자 등에게 토지사용료를 받고 땅을 임대하고 있는 것입니다.

그런데 제주 제2공항이 완공되면 이미 지가가 높게 형성되어 있는 성산읍의 해안 지역보다는 농지와 임야 등이 많아서 상대적으로 지가가 낮았던 수산리와 삼달리, 가시리의 중산간 지역이 지가가 많이 오를 것입니다. 실제로 제주 제2공항이 발표되자마자 수산리와 삼달리의 지가는 서너 배 급등했습니다. 수산리를 예로 들면, 평당 20만 원에 거래되던 임야가 평당 80만 원에 거래되었습니다. 여하튼 앞으로 이들 지역은 공항 건설이 착공되고 완공될 때 단계별로 지가가 상승할 듯싶습니다.

그런데 말입니다. 제주 제2공항 인근 지역은 토지거래허가구역으로 지정됐습니다. 제주도는 제주 제2공항으로 인한 부동산 투기를 사전에 차단하기 위해, 서귀포시 성산읍 지역을 2018년 11월 14일까지 토지거래허가구역으로 지정했습니다.

이에 따라 도시 지역의 경우 주거 지역 180㎡, 상업 지역 200㎡, 공업 지역 660㎡, 녹지 지역 100㎡, 용도 미지정 90㎡ 초과 토지를, 도시지역 외의 경우는 농지 500㎡, 임야 1,000㎡, 기타 250㎡ 초과 토지를 매매할 경우, 서귀포시장의 허가를 받아야 합니다. 또 허가를 받은 사람은 일정기간 동안 허가받은 목적대로 이용해야 합니다.

이처럼 성산읍 일대의 토지거래에 제약이 따르자 성산읍 북쪽의 구좌읍과 남쪽의 표선면에도 영향을 끼쳤습니다. 구좌읍 덕천리를 예로 들면 평당 30만 원에 거래되던 농지가 평당 60만 원으로 두 배 이상 급등했습니다. 현재 구좌읍 덕천리 일대는 평당 60만 원 이상에 거래되고 있는데, 구좌읍에서는 덕천리와 종달리 등의 중산간 지역에 투자하시면 좋을 듯싶습니다. 이 지역 역시 제2공항이 개발됨에 따라 단계별로 지가가 상승할 것입니다.

제주특별법을 고려해야 하고, '감기'와 '인정'을 피해야 한다

그런데 제주 토지를 매수할 때는 제주특별법을 고려해야 합니다. 제주에는 '국토법(국토의 계획 및 이용에 관한 법률)'에서 정한 법률 이외에 제주에만 존재하는 '특별법'이 있기 때문입니다. 제주도에서는 조례로 '절대보존지구', '상대보존지구', '관리보존지구'의 3개 지역으로 세분해 이를 '보전지역관리'라고 정하고 있습니다. 그중에서 '절대보전지구' 및 '상대보존지구'에서는 건축 행위를 할 수 없습니다. 단 '관리보존지구'에서는 등급에 따라 건축을 할 수 있는 토지도 있고 그렇지 못한 토지도 있습니다. 제주도는 도시 지역을 제외하고는 거의 모든 지역에서 이 규정이 적용되고 있습니다. 따라서 그와 관련된 규제 여부를 미리 알아두어야 훗날의 피해를 예방할 수 있습니다.

또 토지이용계획에 '문화재보존영향 검토구역'이라고 나와 있으면 심각한 상황에 처할 수도 있으니 조심해야 합니다. 한림읍 협재리와 금능리 일대는 협재굴·쌍용굴·황금굴·소천굴·초깃굴·한들굴 등 많은 용암동굴이 산재하고 있는 지역입니다. 또 구좌읍 일부 지역과 표선면 일부 지역도 동굴지대에 속합니다. 매수하려는 토지가 '문화재보존영향 검토구역'이면 해당 읍면 사무소 문화재예술과에 반드시 문의해 건축이 가능한지를 확인해야 합니다. 건축이 가능하다고 해서 건축 행위를 하다가도 새로운 동굴이 추가로 발견될 경우에는 모든 건축 행위를 중단하고 신고해야 합니다. 이런 경우 학술적 가치 여부가 판명될 때까지 아무 행위도 하지 못하고, 몇 년 후에 학술적 가치가 있으니 보존해야 한다고 판명되면 건축은 평생 꿈도 꾸지 못하게 됩니다.

한편, 제주도에서는 모두 그런 것은 아니지만 일부 부동산 중개업자들은 '감기'와 '인정' 등으로 투자자를 속이기도 합니다. '감기'는 부동산 중개업자가 매수자에게 실제 매도 가격보다 금액을 높게 부르는 것입니다. '인정'은 부동산 중개업자가 높은 가격에 매물을 판 경우에, 매도자가 매수자 몰래 부동산 중개업자에게 챙겨주는 보너스입니다.

각설하고, 제주의 부동산 중개는 대부분 '매도자→괸당(친척)→매도자 측 부동산→매수자 측 부동산→매수자'의 거래구조를 보이고 있습니다. 따라서 제주 토지를 매수할 때는 부동산 중개업자에게 속지 말아야 합니다.

마지막으로 제주 부동산시장에서는 경매보다 급매로 매매하는 땅이 더욱 저렴할 수도 있습니다. 제주 경매시장에는 경매로 나온 매물이 적은데 전국에서 투자자들이 몰려들어 과잉경쟁을 벌이니 낙찰가가 높을 수밖에 없습니다. 그러니 경매라고 해서 무조건 싸게 살 수 있는 것은 아닙니다.

진정한 고수는 맹지를 싸게 매수해 좋은 땅으로 업그레이드한다

대부분의 토지 투자자들은 맹지라면 기피합니다. 맹지는 지적도상 도로가 없는 토지인데, 맹지에서는 건축 등을 할 수 없기 때문에 쓸모없는 땅으로 여겨집니다.

하지만 맹지는 싸게 매수할 수 있다는 점에서 장점이 있습니다. 그리고 맹지는 어떤 주인을 만나느냐에 따라 가치가 달라질 수도 있습니다.

맹지는 그 옆에 붙어 있는 토지를 함께 매수하면 좋은 땅으로 안전하게 업그레이드할 수 있습니다. 맹지 옆의 토지가 지적도상 도로를 끼고 있다면, 그 땅을 함께 매수해 진입도로를 만들면 문제없는 땅으로 환골탈태할 수 있습니다.

이외에도 맹지 문제를 해결할 수 있는 방법은 많습니다. 맹지까지 진입할 수 있는 진입토지의 소유자에게 토지사용승락서를 받아 도로를 개설할 수도 있고, 구거나 하천 점용허가에 의한 도로를 연결할 수도 있으며, 진입도로를 위한 민법상의 지역권 또는 지상권을 설정해 도로를 개설할 수도 있습니다.

맹지까지 진입할 수 있는 진입토지의 소유자에게 토지사용승락서를 받을 때는 사용하는 토지의 지번과 지목, 면적, 사용목적을 명기하고, 사용하는 자의 주소와 성명, 토지소유자의 인감을 날인한 다음 등기부등본과 토지대장, 인감증명서를 첨부해야 합니다. 그리고 진입토지의 소유자가 토지사용승락서를 작성해 주는 대가로 사용료를 요구하면, 원만하게 협의해 토지사용료를 주면 됩니다. 그런데 진입도로로 사용하는 토지가 매매되어 소유자가 변경된 경우에는 새로운 소유자에게 다시 사용료를 내야 합니다.

다음으로 토지와 도로 사이에 구거 또는 하천이 있다면 점용허가를 받아 자비를 들여 복개하거나 다리를 놓아 관계관청에 기부채납하면 됩니다. 이후 이를 도로로 사용하면서 도로로 고시토록 하여 정식도로로 인정받으면 됩니다. 그런데 구거 중의 어떤 것은 농어촌정비법상 농업기반시설로 지자체나 한국농어촌공사의 점용허가를 받아야하는데, 심사기준이 까다롭고 검토기간이 길어서 곤란합니다.

이러한 방법들로 맹지에 진입도로가 생기게 되면 그 토지는 가치가 달라집니다. 진정한 고수는 맹지를 쓸모 있는 땅으로 업그레이드한다는 점을 명심하시기 바랍니다.

부자는 알을 깨고 나온다

투자를 하다 보면 종종 애초에 기대했던 것만큼의 결과가 나타나지 않을 수도 있습니다. 그리고 투자했던 부동산의 가격이 하락할 수도 있습니다. 그러면 조바심이 우리를 지배하기 시작합니다. '더 이상 하락하기 전에 매도해야겠다'는 생각이 들지도 모릅니다. 하지만 흔들리지 말고 기다릴 줄 알아야 합니다.

단기적으로 본다면 주택이든 토지든 부동산 가격은 상승세만 나타나지는 않습니다. 보합세가 나타날 때도 있고 하락세가 나타낼 때도 있는데, 이 흐름만 본다면 흔들리고 말 것입니다. 하지만 큰 흐름에서 본다면 부동산시장은 항상 꼬불꼬불 상승곡선을 그리고 있습니다. 그러니 자신이 보유한 부동산을 오래도록 갖고 있는 사람이 진정한 승자가 될 수 있습니다.

그런데 부동산 등의 투자로 부자의 반열에 오르게 된 사람들 중 상당수는 탐욕에 눈이 멀기도 합니다. 앞만 보고 달려가다 보면 주위 사람이 눈에 안 들어오고, 자신의 이익을 위해 다른 사람이 희생되는 것도 눈에 안 들어옵니다.

물질적인 풍요만 추구하는 사람이 아니라 마음까지 넉넉해지려는 사람이, 진정한 부자가 아닐까요? 어느 정도 부자가 되었다 싶으면 주위를 돌아보십시오. 자신이 투자해 놓은 아파트의 세입자가 원하는 대로 전세금을 인상해 주지 않는다고 해서 매정하게 내쫓지는 마십시오. 시세보다 다소 싼 가격에 재계약을 한다고 해서 이제까지 이루어놓은 부가 허물어지지는 않을 것입니다. 임대인은 임차인이 있어야 존재하는 법입니다. 임차인의 피땀 어린 전세금 혹은 월세금을 한 푼이라도 더 올려 받으려고 하면서까지 부를 이루려 한다면, 결코 진정한 부자가 될 수는 없을 겁니다.

끝으로 진정한 부자가 되기 위해서는 다른 사람에게 전적으로 의존하기보다는 자기 나름의 확신과 방법이 있어야 합니다. 우리는 흔히 "부자가 되려면 부자들의 방식을 따르면 된다"고 생각하는데, 부자들의 방식은 참조만 할 뿐 그들의 방식과는 좀 다른 자기 나름의 방식을 찾아나서야 합니다. 왜냐하면 부자들이 부를 이룬 방식은 이제는 더 이상 통하지 않는 과거의 방식이 되어버렸을 수도 있고, 그들의 방식이 여러분의 실정에서 비현실적인 것으로 다가올 수도 있기 때문입니다.

그런 점에서 저는 처음 투자의 길에 들어서던 때를 회상하며, 오늘날을 살아가는 소시민을 위한 책을 쓰고자 했습니다. 제가 만약 지금 이 시점에서 3천만 원 혹은 1억 원으로 부동산 투자를 한다면 과연 어떤 방법이 가장 옳을까 생각하면서 말이지요.

그럼에도 불구하고 제가 소개해 드리는 방식이 결코 정답이라고 할 수는 없습니다. 다시 말씀드리지만 부동산 투자를 위해 이 책의 내용을 참조만 하실 뿐, 절대적인 방법론으로 받아들이지는 마십시오. 여러분 스스로 공감할 만한 내용에는 고개를 끄덕이시고, 반감을 갖는 내용에는 고개를 내저으면서, 더 나은 방법을 모색하시기 바랍니다.

덧붙이자면, 이 책을 읽으시고 제게 투자 문의 등을 바라는 분들도 있을 것 같은데, 저는 이런 분들의 요구를 정중히 거절하고 싶습니다. 저는 부동산 중개업자도 아니고, 여러분과 같은 투자자일 뿐입니다. 이러한 제 심정을 널리 헤아려주신다면 감사하겠습니다.

끝으로 이 책에 소개한 부동산 매물들의 수익률은 어디까지나 주관적인 의견이 반영된 것임을 밝힙니다. 그리고 이 책에 소개한 매물 외에도 더 높은 수익률을 올릴 수 있는 매물이 존재한다는 것도 간과하지 마십시오. "새는 알을 깨고 나온다"는 문장처럼, 이 책의 틀 속에만 갇히지 마시고 더 좋은 매물을 찾아 비상하시기 바랍니다.

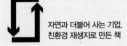

자연과 더불어 사는 기업,
친환경 재생지로 만든 책

부동산
수익률의
제왕

ⓒ 2016, 김태종

초판 1쇄 찍은날 · 2016년 5월 23일
초판 1쇄 펴낸날 · 2016년 5월 27일
펴낸이 · 이효순 | 펴낸곳 · 일상과 이상 | 출판등록 · 제300-2009-112호
편집인 · 김종필
주소 · 경기도 고양시 일산서구 일현로 140 112-301
전화 · 070-7787-7931 | 팩스 · 031-911-7931
이메일 · fkafka98@gmail.com

ISBN 978-89-98453-30-5 (03320)